福祉政策とソーシャルワークをつなぐ

生活困窮者自立支援制度から考える

椋野美智子［編著］

ミネルヴァ書房

まえがき

本書は、生活困窮者自立支援の実践を通して見えてきた既存の福祉制度や支援の分立・対立構造を縦糸に、福祉政策とソーシャルワークの協働を横糸に、福祉の制度・実践の今後の姿を織りなしてみようとするものである。

序章では、二項対立構造分析の視座を提供するために、福祉政策とソーシャルワークの成り立ちと課題を概観し、生活困窮者自立支援制度の概要、特に福祉政策に新たな窓を開いたというこの制度のどこがこれまでの福祉政策と異なるか、その特色を述べる。

次に、第1章から第8章では、生活困窮者自立支援の実践から見えてきた既存の福祉制度や支援の分立・対立構造を一つずつみていく。

これらの分立・対立構造は、生活困窮者自立支援の相談支援者、運用に当たる行政職員などからの聴き取り調査を基に抽出された。特に断らない限り、言及している事例は二〇一四～二〇一六年度の三年間に筆者らが行った調査(1)によるものである。個人の特定を避けるため、必要に応じて具体的な情報の提示を控え、あるいは情報に加工を施していることを予めお断りしておく。

生活困窮者自立支援の実践がなぜこれら既存の福祉制度や支援を問い直す視座を提供するかといえば、「ことわらない相談」を中心に据えた本制度が、制度の適用ではなく、支援のための制度・資源の活用という視点の転換を相談支援者に促すからである。あくまで当事者本人の側に立つその視点は、実はソーシャルワークの原点そのものである。本来、ソーシャルワーク実践は、既存の制度・支援を個の視点から問い直すものであったはずである。福祉制度ごとに相談支援が制度化されてきた結果忘れはじめた原点に、この制度は支援者を立ち還らせる。

調査から抽出された分立・対立構造は、①障害者と非障害者、②一般就労と福祉的就労、③住居確保と生活支援、④職権主義と申請主義、⑤現金給付とサービス給付、⑥国と地方・行政と民間、⑦公平と裁量、⑧小地域と広域である。これらは、分権化、地域化、権利化、専門化など、福祉政策が進めてきた方向性に内在するものであり、したがって、その分立、対立を制度だけによって克服するには限界がある。そこに必要とされるのは、相談支援者のソーシャルワークの力である。

終章では、ソーシャルワークによる課題解決の可能性を具体的にみていき、ソーシャルワークにそのような力を発揮させるために福祉政策にできることは何かを考察する。

福祉政策とソーシャルワークがつながる、その手始めはまさにこの生活困窮者自立支援制度であり、その向こうに見えているのは地域共生社会である。目指しているのは、支えられる側、支える側に分かれるのではなく、支えられながら支える、支えながら支えられる社会、つまりはすべての人が居場所と出番を持つ、排除されない社会である。そのためには、制度の枠をずらして、柔軟であること、多様であることが許容される、ソーシャルワークを核に据えた福祉政策の再編が求められている。

二〇二〇年一二月

棕野美智子

注

（1）科学研究費助成事業基盤研究(c)「行政・社会福祉法人と連携した生活困窮者支援策の開発・推進に関する実証的研究」（研究代表者：椋野美智子、課題番号26388740）。

福祉政策とソーシャルワークをつなぐ——生活困窮者自立支援制度から考える

目次

序章　二項対立構造分析のための視座

1　福祉政策の成り立ちと課題

(1)「国中心・制度主導」から「地域中心・ニーズ主導」へ

日本における現行福祉政策は、第二次世界大戦直後の児童福祉法（一九四七年）、身体障害者福祉法（一九四九年）、社会保障制度審議会勧告（一九四九年）を受けての新・生活保護法（一九五〇年）による福祉三法体制に始まる。その後、これらに精神薄弱者福祉法（現・知的障害者福祉法）（一九六〇年）、老人福祉法（一九六三年）、母子福祉法（現・母子及び父子並びに寡婦福祉法）（一九六四年）が加わった福祉六法体制で長らく運用されてきた。その特色は、①生活保護においては金銭給付中心、その他の施策においては②対象者別のタテ割り、③職権による措置、④民間施設への措置委託、⑤入所施設中心の集団処遇、⑥低所得者中心の制限主義である。そして、その実施は、国の委任事務（当初は機関委任事務、一九八七年以降は団体委任事務）として、国の指示の下で地方公共団体が行っていた。実際のサービス提供は措置委託として社会福祉法人が行っていたが、法人認可及び施設補助、措置委託費によってハード面及びソフト面にわたり、細かな規制が行われていた。一言でいえば、国中心、制度主導の福祉であった。

二〇〇〇年に介護保険法が施行され、二〇〇六年施行の障害者自立支援法（現・障害者総合支援法）、二〇一五年施行の子ども・子育て支援法が加わり、既存の老人福祉法、身体障害者福祉法、知的障害者福祉法、児童福祉法の体系の組み換えが行われ、サービスの給付構造が変わった。その結果できた体制を、ここでは便宜的に「二〇〇〇年体制」と呼んでおく。その特色は、①支援の総合化、②サービス利用の権利化と契約化、③地域生活中心、④相談支援の強化、⑤就労支援の強化、⑥所得の多寡に関わらない給付の普遍化といえよう。

これら個別の支援に関わる法律のほかに、社会福祉事業法（一九五一年）（現・社会福祉法）がいわゆる社会福祉の基礎構造を定めており、二〇〇〇年の介護保険法等の施行に合わせて改正された。その内容は、サービス利用の契約化を支えるための①利用者保護、②サービスの質の向上、地域生活中心を支えるための③地域福祉の推進などである。また、介護保険法の施行に合わせて民法も改正され、成年後見制度が創設された。

制度の実施について、当初は国の機関委任事務として都道府県知事及び市長が行っていたが、地方分権の流れの中で生活保護法による保護以外は団体事務となり（一九八七年）、さらに「福祉八法改正」（一九九〇年）等により順次、市町村に一元化されていった。二〇〇〇年には地方分権一括法により団体事務が自治事務となった。分権の受け皿として市町村の機能強化のために合併が促進され、平成の大合併（一九九五年～）により市町村数が半減してその面積は広がった。福祉の二〇〇〇年体制の実施の特色は、地方分権と市町村主義である。

福祉六法体制の「国中心、制度主導」に対比させていえば、福祉の二〇〇〇年体制の目指すものは「地域中心、ニーズ主導」の福祉ということができよう。

(2) 社会的孤立と地域の持続可能性の危機への対応

福祉六法体制から福祉の二〇〇〇年体制への変革を促したのは、何よりも少子高齢化の急速な進展とそれに伴う福祉ニーズの普遍化であった。しかし、その後の超高齢化と人口減少の進展、非正規雇用の増大、家族の小規模化は、福祉政策に新たな課題を生んでいる。その最たるものは社会的孤立であり、地域の持続可能性の危機であるといえよう。後期高齢者の増加は医療、介護のニーズの急速な増大を生み、一方で人口減少による若年労働力の減少はサービス従事者の確保を困難にしている。非正規雇用の増大や退職高齢者の増加、家族の小規模化は職場や家族の相互扶助に頼れない層の増大をもたらしている。彼らはまた往々にして地域でのつながりも持てず、社会的に孤立している。若年層

図序-1　「地域共生社会」の実現に向けて（当面の改革工程）【概要】

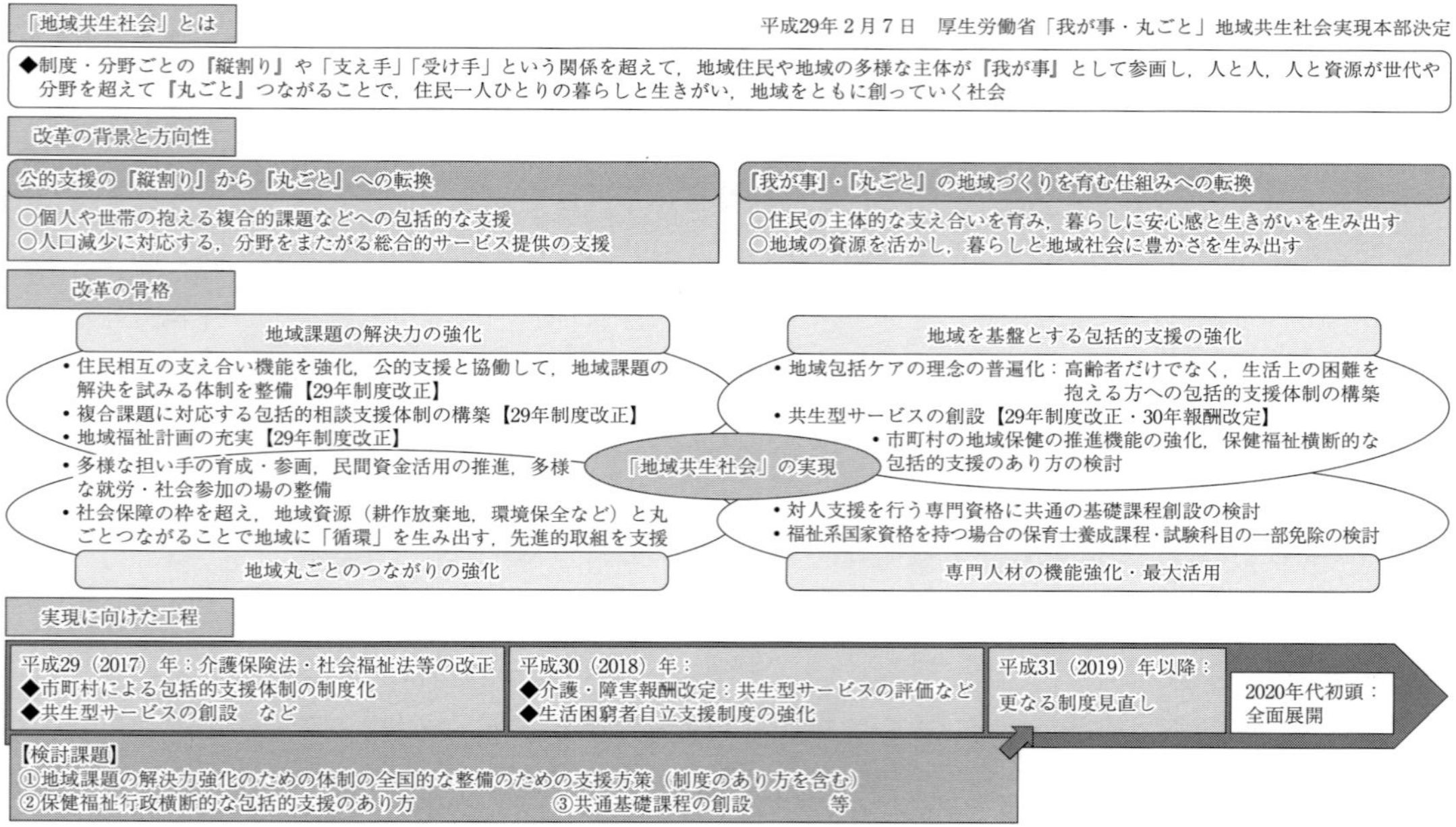
「地域共生社会」とは
平成29年2月7日　厚生労働省「我が事・丸ごと」地域共生社会実現本部決定
◆制度・分野ごとの『縦割り』や「支え手」「受け手」という関係を超えて，地域住民や地域の多様な主体が『我が事』として参画し，人と人，人と資源が世代や分野を超えて『丸ごと』つながることで，住民一人ひとりの暮らしと生きがい，地域をともに創っていく社会
改革の背景と方向性
公的支援の『縦割り』から『丸ごと』への転換
○個人や世帯の抱える複合的課題などへの包括的な支援
○人口減少に対応する，分野をまたがる総合的サービス提供の支援
『我が事』・『丸ごと』の地域づくりを育む仕組みへの転換
○住民の主体的な支え合いを育み，暮らしに安心感と生きがいを生み出す
○地域の資源を活かし，暮らしと地域社会に豊かさを生み出す
改革の骨格
地域課題の解決力の強化
・住民相互の支え合い機能を強化，公的支援と協働して，地域課題の解決を試みる体制を整備【29年制度改正】
・複合課題に対応する包括的相談支援体制の構築【29年制度改正】
・地域福祉計画の充実【29年制度改正】
地域を基盤とする包括的支援の強化
・地域包括ケアの理念の普遍化：高齢者だけでなく，生活上の困難を抱える方への包括的支援体制の構築
・共生型サービスの創設【29年制度改正・30年報酬改定】
・市町村の地域保健の推進機能の強化，保健福祉横断的な包括的支援のあり方の検討
「地域共生社会」の実現
・多様な担い手の育成・参画，民間資金活用の推進，多様な就労・社会参加の場の整備
・社会保障の枠を超え，地域資源（耕作放棄地，環境保全など）と丸ごとつながることで地域に「循環」を生み出す，先進的取組を支援
地域丸ごとのつながりの強化
・対人支援を行う専門資格に共通の基礎課程創設の検討
・福祉系国家資格を持つ場合の保育士養成課程・試験科目の一部免除の検討
専門人材の機能強化・最大活用
実現に向けた工程
平成29（2017）年：介護保険法・社会福祉法等の改正
◆市町村による包括的支援体制の制度化
◆共生型サービスの創設　など
平成30（2018）年：
◆介護・障害報酬改定：共生型サービスの評価など
◆生活困窮者自立支援制度の強化
平成31（2019）年以降：
更なる制度見直し
2020年代初頭：
全面展開
【検討課題】
①地域課題の解決力強化のための体制の全国的な整備のための支援方策（制度のあり方を含む）
②保健福祉行政横断的な包括的支援のあり方
③共通基礎課程の創設
等

出所：厚生労働省「我が事・丸ごと」地域共生社会実現本部（2017b）。

の減少、総人口の急速な減少で人口の再生産、地域の持続可能性、そして当然にそこでの福祉の持続可能性にも赤信号が灯りはじめている。

本章3で詳しく述べるが、生活困窮者自立支援制度は、この新たな課題へ対応する福祉政策の最初の動きとも位置づけられる。介護保険の地域支援事業の中の介護予防・日常生活支援総合事業や地域共生社会づくりの政策も、この系譜につながるものと考えられる（図序-1）。

生活困窮者自立支援制度の実践は、地域中心、ニーズ主導の福祉を実現するために、既存の福祉政策がなお抱えている様々な課題を浮き彫りにした。その第一は二〇〇〇年体制においてもなお残る制度の狭間の問題である。第二は、新たな就労支援の対象者の出現である。第三は、地域生活を支える住まいである。第四は、申請主義・契約によるサービス利用を支える自己決定の支援である。第五は、複合的な課題を抱える者への対応である。第六は国と地方、行政と民間の役割分担である。第七は分権の拡大と公平との両立である。第八は専門職と住民の協働である。

第2章以下では、これらの課題を一つずつ取り上げ、そこに内在する制度や支援の分立、あるいは原理の対立構造にまで踏み込んで、問題とその解決の方向性について論じていく。

2 ソーシャルワークの成り立ちと課題

（1）ソーシャルワークの成り立ちと展開

ソーシャルワークをどのように定義づけるかは、それ自体が研究テーマとして成立するほど大きな問題である。ソーシャルワークの歴史を簡潔に示し、日本における課題を提起する本節の目的なので、ここではその意味について、生活課題を抱える人の相談に応じ、必要に応じて社会資源、人間関係に関する知識や技術を駆使しながら、課題の緩和や解消を支援する活動と暫定的に考えておく。こうしたソーシャルワークの活動は、いずれも一九世紀後半に開始された次の二つの活動に求めるのが通説である（日根野 二〇〇三）。

第一に、慈善組織協会（COS）の活動である。一八六九年にロンドンにおいて開始された慈善組織協会は、その後アメリカにおいても普及する。初期の活動では、富裕層が個別に行っていた慈善によって生起していた濫救や漏救の解消や、「救済に値する貧民」／「救済に値しない貧民」の区別を主な役割とした。この慈善組織協会の活動には、友愛訪問があり、その活動の中で慈善の対象となった人の背景にある諸問題が自覚されるようになり、「ケースワークの母」と称されるメアリー・リッチモンドは、友愛訪問員が対象者に共感しつつその生活を把握することの重要性を説いた（松原 一九七九：六四-六五）。リッチモンドは友愛訪問員に専門的な教育が必要であるとも主張し、ソーシャルワーク教育の端緒を開いた（小松　一九七九：三二-三四）。

第二に、セツルメント活動である。一八八四年、ロンドンに設置されたトインビーホールがその始まりである。一定地域に居住しながら、当該地域の住民に対し、教育、育児、授産、医療など生活全般にわたる助言やサービスなどを提供しつつ、同時に地域の改良を目指すところにその特徴がある。地域の変革や住民の教育に重点を置くその活動から、慈善組織協会における友愛訪問がケースワーク（個人や家族への支援）に特につながっていくのに対して、セツルメントの活動はコミュニティワークやソーシャルアクションあるいは社会教育などに強く影響を与えている。

さて、その後のアメリカのソーシャルワークの変遷をまとめておきたい。第一次世界大戦後、ソーシャルワークを支える理論的背景としてフロイトの精神分析が一世を風靡した。これに対してオットー・ランクの意志心理学をベースとした機能主義も形成され論争が起こったが、この時点ではいずれにせよ個人に注目したケースワークが主流であることは否めない。こうした個人中心のケースワークが批判にさらされるのは、一九六〇～一九七〇年代頃のことである。この時期には公民権運動や福祉権運動、またジョンソン大統領による貧困の再発見などを背景として、個人の精神的・心理的問題に注目するケースワークのあり方は、その有効性が疑われるようになった（岡本　一九八七：一九八七）。こうした批判を受けて、以後のソーシャルワーク（研究）は展開していく。その展開の過程で様々なアプローチやモデルが提起されているが、それらの特徴を大胆に分類すると次のようになる。すなわち、①個人だけでなく環境をも捉える視座の必要性が提起されていること[1]、②問題をクライエントのパーソナリティに求めるだけではなく、クライエントのもっている力に注目していくこと[2]、③専門家としてのソーシャルワーカーとそれに従うべきクライエントといった関係性を見直していくこと[3]、④ケースワーク・グループワーク・コミュニティワークといった個別の方法を統合していく方向を目指していること[4]、⑤ソーシャルワークの有効性を検証可能なものにしていく必要性が強く意識されていること[5]、である。

(2) 日本におけるソーシャルワークの課題

次に日本の状況に目を向けたい。日本では戦後、ＧＨＱの指示もあり社会福祉に従事する人材の養成が急がれた。日本の社会福祉従事者の特徴は、行政に関係する領域では各分野の法律ごとに資格が形成されていった点である。社会福祉主事、身体障害者福祉司、知的障害者福祉司といった具合である。病院や精神科病院では早くからソーシャルワーカーが配置されていたが、専門職としての資格が設けられるのはずいぶん時間がかかった。社会福祉協議会にも福祉活動専門員といった職員が配置されている。しかし、社会福祉協議会は半官半民的な要素も強く、その活動は地域ごとに大きなばらつきがあると言われている。

ソーシャルワークの研究についても、いかに研究を実践に活かすかという問題意識は存在したものの、特にエビデンスが強調される以前には、海外の新たな理論やアプローチの紹介が大部分であったといってよい。つまり、ソーシャルワーク実践は医療・福祉制度の成立に沿う形で分野別に発展していき、ソーシャルワーク研究は主にアメリカの最新の理論やアプローチに軸足を置く形で展開してきた。片方では六法に基づく実践が、他方では海外の理論や動向を紹介する研究が進められたことが、「理論と実践が乖離している」「研究と実践が乖離している」といった感覚をもたらしている。そしていったん研究と実践の距離感が多くの人に感じられるようになると、数量データや統計処理に基づくエビデンスを重視する最近の研究も、やはり現場からは遠いものとして感じられてしまう。

(3) 生活困窮者自立支援制度とソーシャルワーク

本書で扱う生活困窮者自立支援制度は、日本のかかるソーシャルワークの状況に、どのような課題を投げかけるだろうか。岩間による総合相談の整理をヒントにしつつ検討しよう。岩間は、総合相談の「総合」の意味を次の五つに整理している。すなわち、①地域生活上の多様なニーズをもつクライエントを援助対象とすること、②ニーズの発見から見守りまで、つまり予防的支援から継続的支援までを含めた支援、③特定のクライエントの各ライフステージに関わることができること、④多様な担い手たちが相談活動に参画し、⑤クライエントと地域との関係を重視し一体的に支援することである

（岩間　二〇一二：三二―三三）。これから本書で展開する議論の中で出てくる様々な事例やエピソードの中にも、この岩間の指摘にあてはまる例が多く登場する。例えば、対象者のニーズはほとんどの場合複合的・重層的である。長期間の伴走的な支援を必要とする例が少なく、一機関で完結的に解決できることは少ない。生活困窮者の世帯が、地域の中でトラブルを抱えて孤立していることもめずらしくはない。

こうした諸問題に対峙していくソーシャルワークに求められる課題とは、次の通りである。第一にニーズを発見・把握する力量の強化である。申請がなければ支援ができないといった姿勢では、総合的な支援とはいえない。第二に他機関や他部署との連携の円滑化である。これに関係して支援に携わる者の権限の強化や裁量の拡大が必要な場合もあるだろう。特に、福祉六法に結びついて支援活動が展開されてきた日本では、こうした区分を超えて支援を展開できる体制が必要である。第三に個別支援、集団を活用した支援、地域に対する支援を一体的に展開していく必要があることである。ただし、ここで注意が必要なのは、必ずしも一人の職員があらゆる援助方法に精通している必要はないという点である。チームでの支援を前提として、それぞれが得意な支援方法を駆使することも必要であろう。これらのソーシャルワークおよび福祉政策の課題が、本書を通じてより明確になるはずである。

3　生活困窮者自立支援制度——開かれた新たな「政策の窓」

(1) 創設の背景と制度の概要

生活困窮者自立支援法は、二〇一三年に成立した。背景には生活保護の受給者の増加、特に稼働世帯の増加がある。これら世帯が生活保護に陥る前に支援をする第二のセーフティネットとして生活困窮者自立支援制度は創設された。これまでの社会保障は、①男性が正規職として働いて妻子を養い、無業の妻が家族内のケアを担う、雇用と家族のあり方をモデルとした社会保険、②そのモデルから外れるグループのニーズに対応する社会福祉の諸制度、③それら両制度で対応しきれない人への最後のセーフティネットとしての生活保護で構成されていた（図序-2）。病気や離職などが原因で生活困窮状態に陥った場合、高齢者や障害者を除き、そのニーズに対応する社会保険や社会福祉の制度はない（椋野 二〇一三：三二-三三）。これは、福祉六法体制下だけでなく、二〇〇〇年体制に変わっても同様であった。一方で非正規職の増加、未婚率の上昇、家族規模の縮小などが進み、職場や家族のつながりも弱体化が進んでいる。フォーマル、インフォーマルな支援を受けられず困窮した人の一部が生活保護に流れ込んでいる。つまり、稼働世帯の生活保護受給者の増加は、既存の社会保障制度が応じきれていないニーズの出現を示しているのであり、生活困窮者自立支援制度はこれらの新たなニーズに

図序-2　生活保護制度の見直しと新たな生活困窮者対策の全体像

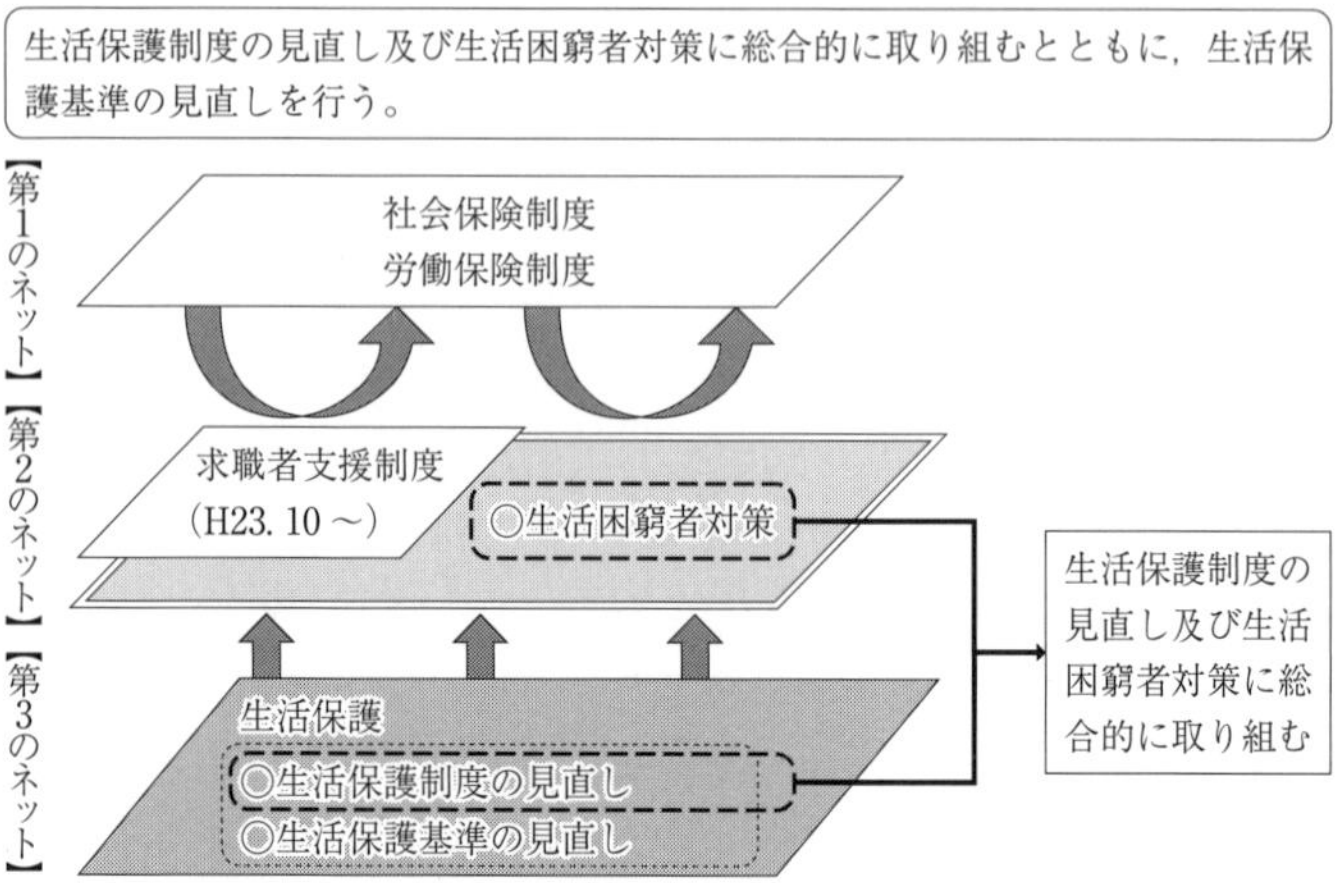

出所：厚生労働省「新たな生活困窮者支援制度の創設」。

対応するために構築された。

しかし、第二のセーフティネットという割には、生活困窮者自立支援制度はきわめてシンプルなつくりとなっている。福祉事務所を設置する地方公共団体に①必須事業として自立相談支援事業と住宅確保給付金の支給を課すほかは、②任意事業として就労準備支援事業、一時生活支援事業、家計相談支援事業（現・家計改善支援事業）、子どもの学習支援事業（現・子どもの学習・生活支援事業）を位置づけ、[6] ③これらの費用の一定割合を国が負担または補助し、④都道府県知事等による就労訓練事業（いわゆる「中間的就労」）の認定を行うというのがその概要である。[7] 法律の条文も他の社会福祉諸法に比べてシンプルであって、法律に基づく政省令で定められている事項も少ない。生活保護法も比較的シンプルな条文であるが、保護は

「自立の助長」を除き法定受託事務であることから、厚生労働省の定める膨大かつ詳細な処理基準が地方公共団体の運用を規定している。これら他の福祉関係制度に比べると、生活困窮者自立支援制度はつくり込みの少ない、運用に当たる地方公共団体や支援者の裁量に委ねられた部分が大きい仕組みとなっている。

これは、制度の実施に当たって多くの地方公共団体関係者の戸惑いを呼んだところである。というのも、生活困窮者自立支援制度は、今まであまり例のない設計思想に立つ、いわば、社会福祉に新たな「政策の窓」を開いたものだからである。[8] 制度の施行に当たっては、制度説明よりもむしろ理念や事例による演習に重点を置いた支援者の養成研修が厚生労働省により行われた。[9]

(2) 制度の理念

厚生労働省は創設に当たって制度の理念として、二つの目標と五つの支援のかたちを掲げている（表序-1参照）。二つの目標とは、「生活困窮者の自立と尊厳の確保」「生活困窮者支援を通じた地域づくり」であり、五つの支援のかたちとは「包括的な支援」「個別的な支援」「早期的な支援」「継続的な支援」「分権的・創造的な支援」である。このうち、「生活困窮者の尊厳の確保」「包括的な支援」「早期的な支援」と「生活困窮者支援を通じた地域づくり」は二〇一八年の法改正に当たって条文に書き込まれた。[10] ここでは「尊厳の確保」「包括的支援」と「地域づくり」について取り上げ、従来の

表序-1　生活困窮者自立支援制度の理念

※以下に掲げた制度の意義，めざす目標，具体的な支援のかたちは，いずれも本制度の「理念」とされている。

1．制度の意義

本制度は，生活保護に至っていない生活困窮者に対する「第２のセーフティネット」を全国的に拡充し，包括的な支援体系を創設するもの。

2．制度のめざす目標

（1）生活困窮者の自立と尊厳の確保
- 本制度では，本人の内面からわき起こる意欲や想いが主役となり，支援員がこれに寄り添って支援する。
- 本人の自己選択，自己決定を基本に，経済的自立のみならず日常生活自立や社会生活自立など本人の状態に応じた自立を支援する。
- 生活困窮者の多くが自己肯定感，自尊感情を失っていることに留意し，尊厳の確保に特に配慮する。

（2）生活困窮者支援を通じた地域づくり
- 生活困窮者の早期把握や見守りのための地域ネットワークを構築し，包括的な支援策を用意するとともに，働く場や参加する場を広げていく。（既存の社会資源を活用し，不足すれば開発・創造していく。）
- 生活困窮者が社会とのつながりを実感しなければ主体的な参加に向かうことは難しい。「支える，支えられる」という一方的な関係ではなく，「相互に支え合う」地域を構築する。

3．新しい生活困窮者支援のかたち

（1）包括的な支援…生活困窮者の課題は多様で複合的である。「制度の狭間」に陥らないよう，広く受け止め，就労の課題，心身の不調，家計の問題，家族問題などの多様な問題に対応する。
（2）個別的な支援…生活困窮者に対する適切なアセスメントを通じて，個々人の状況に応じた適切な支援を実施する。
（3）早期的な支援…真に困窮している人ほどSOSを発することが難しい。「待ちの姿勢」ではなく早期に生活困窮者を把握し，課題がより深刻になる前に問題解決を図る。
（4）継続的な支援…自立を無理に急がせるのではなく，本人の段階に合わせて，切れ目なく継続的に支援を提供する。
（5）分権的・創造的な支援…主役は地域であり，国と自治体，官と民，民と民が協働し，地域の支援体制を創造する。

出所：厚生労働省「生活困窮者自立支援法について」。

制度との違いをみてみたい。

① **尊厳の確保**

福祉六法体制の下では、生活保護に限らず福祉にはスティグマがつきまとっていた。このために介護の必要な高齢者が老人ホームなどの福祉の措置ではなく、スティグマのない老人病院などへの入院を志向し、社会的入院を増大させていた。福祉の二〇〇〇年体制になり、社会保険である介護保険のサービスはもとより、障害者自立支援給付によるサービスの利用にもスティグマはほとんど見られなくなった。しかし、生活保護の受給に対するスティグマは根強い。「保護だけは受けたくない」という言葉は、今でも生活に困窮している当事者自身が口にする。厚生労働省のホームレス実態調査（二〇一六年度）によれば、生活保護を利用したことがない人の半数は理由として「利用したくない」を挙げている。(11) また、生活困窮を自己責任とみる見方は一般の国民にも困窮者自身にも強い。

就職氷河期世代の問題に明らかなように、生活困窮は自己責任に帰して済むものではない。自己責任論を内面化して自己肯定感、自尊感情を失った生活困窮者が、主体性を取り戻し自立への意欲を持つためにも、人としての尊厳の確保は何よりも重要である。「尊厳の確保」は「自立」と並ぶ、この制度の目標とされている。

② **包括的支援**

対象者を定義により線引きして、その範囲に入る人に対して各制度が縦割りでサービスや給付を提供してきた従来の社会福祉制度が「制度の狭間」に陥り支援を受けられない人を生んでいるという反省に立ち、この制度は、生活困窮者の多様で複合的な課題に対応する「包括的支援」を行おうとしている。しかし、対象者が明確にならないと、その数の把握、それに基づく人員と予算が積算できず、制度実施のための体制が整備できない。全体像を把握しないまま実施すると、サービスが一部の者にしか利用できなくなり、公平に反する。同様のサービスを公平に全部の者に提供しようとすると、膨大な人員と予算が必要になるかもしれない。全体像を把握して、確保できる人員と予算に合わせて、全体に公平にサービスを提供できるようにサービス水準を下げるか、対象者の定義を絞り込むというのが従来の手法である。しかし、それでは新たにまた制度の狭間をつくる。

包括性はこの制度の根幹に関わる理念であり、施行三年後の見直しのために厚生労働省に設けられた「生活困窮者自立支援のあり方等に関する論点整理のための検討会」でも、八つの視点の中に「すべての相談を断らないことを基本とすること」を挙げている。

③　地域づくり

対象者を明確に線引きして、その対象者に必要なサービスについても明確に定義し、サービスの基準と報酬を定め、地域における必要量を計算し、計画的に整備する。一九九一年の老人福祉計画に始まる手法は、介護保険事業計画（二〇〇〇年）、障害福祉計画（二〇〇六年）、子ども・子育て支援事業計画（二〇一五年）と広がってきた。

しかし、生活困窮者自立支援制度で必要とされているのは「包括的な支援」であり「個別的な支援」で個々人の状況によって異なる。また、「既存の社会資源を活用し、不足すれば開発・創造していく」ものである。厚生労働省の示す参酌標準に基づいて、あらかじめ地域における必要量を計算して整備できるようなものではない。何がその個人にとって必要な支援なのか、その地域で何が活用でき、何をどうやって開発・創造していけばよいのか、実際の支援を通して地域づくりを進める、まさに「分権的・創造的な支援」である。表序-1では、「主役は地域であり、国と自治体、官と民、民と民が協働し、地域の支援体制を創造する」と説明されている。分権は単なる国から地方公共団体への分権ではなく、地域そのもの、支援の現場への分権に及んでいる。

生活困窮者自立支援制度は以上述べたような理念をもつがゆえに、その実践は既存の制度や支援のあり方を鋭く問い返す視座を私たちに提供してくれる。そこから見えてきた既存の制度や支援の分立あるいは原理の対立構造、それらがもたらす問題とその解決の方向性について第2章以下で論ずる。

注

（1）たとえば、生活モデルやエコロジカル・ソーシャルワークがこれにあたる。その特徴については、谷口（二〇〇三）を参照した。

（2）エンパワメントアプローチやストレングスモデルがこれにあたる。エンパワメントアプローチについては久保による研究を参照した（久保 二〇〇一）。

（3）たとえば、ナラティブアプローチはクライエントの物語を援助者が学びながらこれを共に編集していくという発想をもっている。この点については稲沢（二〇一七）を参照。

（4）一九七〇年代に統合化の議論が活性化し、現在でもジェネラリスト・ソーシャルワークとして議論が続けられている（山辺 二〇一一）。

（5）ソーシャルワークの効果を検証する方法としてシングルシステムデザインの研究が展開されるなど、エビデンスに基づいた実践の必要性が強調されている。エビデンスに基づいたソーシャルワーク研究については増田の論考を参照した（増田 二〇〇九）。

（6）これらのうち、就労準備支援事業と家計改善支援事業は二〇一八年改正で努力義務が課された。

（7）厚生労働省「生活困窮者自立支援法案の概要」（https://www.mhlw.go.jp/topics/bukyoku/soumu/houritu/dl/183-47.pdf 二〇一九年二月一九日アクセス）。

（8）大森彌の生活困窮者自立支援全国研究交流大会「これからを考えるディスカッション」（二〇一四年一一月九日）での発言。

（9）厚生労働省「平成二六年度自立相談支援事業従事者養成研修《国研修》」（https://www.mhlw.go.jp/stf/seisakunitsuite/bunya/0000108100.html 二〇二〇年二月二四日アクセス）。

（10）改正後の生活困窮者自立支援法

（基本理念）

第二条 生活困窮者に対する自立の支援は、生活困窮者の尊厳の保持を図りつつ、生活困窮者の就労の状況、心身の状況、地域社会からの孤立の状況その他の状況に応じて、包括的かつ早期に行われなければならない。

2　生活困窮者に対する自立の支援は、地域における福祉、就労、教育、住宅その他の生活困窮者に対する支援に関する業務を行う関係機関（以下単に「関係機関」という。）及び民間団体との緊密な連携その他必要な支援体制の整備に配慮して行われなければならない。

（11）厚生労働省（二〇一六）「ホームレスの実態に関する全国調査（生活実態調査）の結果（詳細版）」五五-五七頁（https://www.mhlw.go.jp/stf/houdou/0000177700.html　二〇二〇年二月二四日アクセス）。

参考文献

・第一節

北場勉（一九九九）『戦後社会保障の形成――社会福祉基礎構造の成立をめぐって』中央法規出版。

厚生労働省「我が事・丸ごと」地域共生社会実現本部（二〇一七a）「『地域共生社会』の実現に向けて（当面の改革工程）」。

厚生労働省「我が事・丸ごと」地域共生社会実現本部決定（二〇一七b）「『地域共生社会』の実現に向けて（当面の改革工程）【概要】」。

地域共生社会に向けた包括的支援と多様な参加・協働の推進に関する検討会（二〇一九）「最終とりまとめ」。

古川孝順（一九九八）『社会福祉基礎構造改革――その課題と展望』誠信書房。

堀勝洋（一九八七）『福祉改革の戦略的課題』中央法規出版。

三浦文夫ほか（一九九九）『社会福祉の新次元――基礎構造改革の理念と進路』中央法規出版。

・第二節

稲沢公一（二〇一七）『援助関係論入門――「人と人との」関係性』有斐閣。

岩間伸之（二〇一二）「個と地域の一体的支援」岩間伸之・原田正樹『地域福祉援助をつかむ』有斐閣。

岡本民夫（一九八五）「ケースワーク理論の動向（Ⅰ）」『評論社会科学』二六、六七-八六頁。

岡本民夫（一九八七）「ケースワーク理論の動向（Ⅱ）」『評論社会科学』三二、一-二四頁。

岡本民夫（二〇一五）「ソーシャルワークにおける援助論の歴史とその継承」『ソーシャルワーク学会誌』三〇、四五-五四頁。

久保美紀（二〇〇一）「エンパワーメント概念の構造にかんする研究——ソーシャルワーク実践理論としてのエンパワーメントの模索」『明治学院論叢』六六〇、一七五-一九五頁。

小松源助（一九七九）「アメリカにおけるソーシャルワークの成立過程」小松源助ほか『リッチモンド　ソーシャル・ケースワーク——「社会診断」を中心に』有斐閣、一-四八頁。

谷口泰史（二〇〇三）『エコロジカル・ソーシャルワークの理論と実践——子ども家庭福祉の臨床から』ミネルヴァ書房。

日根野健（二〇〇三）「米国ソーシャルワークの専門職化と史的論点——M・E・リッチモンドの針路をめぐって」『評論・社会科学』七〇、一-二二頁。

増田公香（二〇〇九）「ソーシャルワークにおけるエビデンス・ベース・プラクティス（EBP）の出現——近年のソーシャルワークにおける新たな動向」『聖学院大学論叢』二一（三）、二七三-二八三頁。

松原康雄（一九七九）「リッチモンドの生涯とケースワークの体系化」小松源助ほか『リッチモンド　ソーシャル・ケースワーク——「社会診断」を中心に』有斐閣、四九-九〇頁。

山辺朗子（二〇一一）『ジェネラリスト・ソーシャルワークの基盤と展開——総合的包括的な支援の確立に向けて』ミネルヴァ書房。

・第三節

厚生労働省「新たな生活困窮者支援制度の創設」（https://www.mhlw.go.jp/file/06-Seisakujouhou-12000000-Shakaiengokyoku-Shakai/seidogaiyou.pdf　二〇二〇年二月二四日アクセス）。

厚生労働省「生活困窮者自立支援法について」（https://www.mhlw.go.jp/file/06-Seisakujouhou-12000000-Shakaiengokyoku-Shakai/0000046438.pdf　二〇二〇年二月二四日アクセス）。

社会保障審議会生活困窮者の生活支援の在り方に関する特別部会（二〇一三）「生活困窮者の生活支援の在り方に関する特別部会報告書」（https://www.mhlw.go.jp/content/000362588.pdf　二〇二〇年二月二四日アクセス）。

生活困窮者自立支援のあり方等に関する論点整理のための検討会（二〇一七）「生活困窮者自立支援のあり方に関する論点整理」（https://www.mhlw.go.jp/file/05-Shingikai-12201000-Shakaiengokyokushougaihokenfukushibu-Kikakuka/rontenseiri_1.pdf　二〇二〇年二月二四日アクセス）。

椋野美智子（二〇一三）「生活困窮者自立支援制度——その意義と課題」『週刊社会保障』二七三三、三二―三三頁。

（椋野美智子〔第一・三節〕・廣野俊輔〔第二節〕）

第1章　障害者と非障害者
——すべての人が「障害」をもちうる事を前提とした仕組みの必要性

本章では、筆者らが行ってきた生活困窮者自立支援に関する調査結果に依拠しながら、それらを参照した際に、いかなる障害者福祉の課題が浮かび上がるかについて検討する。本章のタイトルである「障害者と非障害者」には、従来の障害者と非障害者（あるいは健常者）という区分けを意味している。当然、この識別は支援の対象となる人々が誰であるのかという認識とつながっている。本章では、この現状の区分けを批判的に検討したい。

近年、障害者の権利に関する条約（以下、障害者の権利条約）等の影響を受けて、障害者に関する政策が大きな改革の流れの中にある。障害の社会モデルが提示され、障害の定義が次第に拡大している。そうした状況にもかかわらず、生活困窮者自立支援の実態は、障害者福祉の課題が山積していることを私たちに教えてくれている。それらの点について検討し、今後の障害者福祉制度に求められる改革の方向性について議論する。特に、ここでは対象としての障害者と対象とならない非障害者の区別が存在することにより、どのような課題がもたらされるのかに注目する。若干、議論を先取りすれば、支援の対象となる障害者の概念が拡大することは望ましいことではあるが、それがいかに進展しても、障害者と非障害者の区別から取り残される人がいることを生活困窮者自立支援の事例が示しており、それらの例を基に今後の障害者福祉施策や障害者に対するソーシャルワークの課題について議論したい。

本章は以下のような順序で展開される。まず、近年の障害者福祉の進展と変化について簡潔に要約する。次に、調査結果を踏まえて実質的には障害者と同等不利益を被りながら現在の障害者というカテゴリーには収まりきらない要支援者の存在について指摘する。続いて、支援対象になりにくい要支援者が発生する要因について考察し、最終的にこの問題の解決に向けての方向性を探る。

1　障害の社会モデルと障害者福祉制度改革

本節ではこの先の議論の前提として、障害者施策の最近の改革とその到達点を概観しておく。(1)二〇〇〇年以降の障害者施策の変容について、対象をどのように規定するかを中心に検討することが、ねらいである。近年の障害者施策の改革の原動力となっているのは障害者権利条約である。日本は二〇〇七年に署名、二〇一四年に批准している。この条約が加盟国にもたらす影響は非常に大きい。たとえば、その一つは後述する障害の社会モデルと呼ばれる障害の捉え方である。さらに合理的配慮といった概念も、この条約によってもたらされた。合理的配慮とは、障害者が健常者と同様の社会参加をするために必要な調整のことを指し、提供する側にとってそれが過重な負担とならない限り、実行することが求められる。これを具現化するために、日本でも障害者差別解消法が成立したり、様々な地方公共団体で差別解消条例が定められたりしている(2)。

ここでは、近年の改革の原動力となっている障害の社会モデルについて特に注目する。というのも社会モデルは、障害者-非障害者という区分について大きな変化をもたらし得る概念と考えられているからだ。まずはその概要について旧来の一般的な障害の捉え方との対比で説明したい。

社会モデルとの対比で、これまでの障害の捉え方は医学モデルと呼ばれている（個人モデルと呼ぶ場合もある(3)）。医学モデルによれば、障害は医学的な身体もしくは知的・精神機能の問題であって、それに対応するのは本人、家族、医療関係者であると考えられる。障害から派生する問題は、本人が医師やリハビリテーションの専門家の指導を受けながら、リハビリテーションや職業訓練を受けることで解消されると想定されている。そして障害者の家族は、医師や専門家の指示に従い本人の訓練等を支援することが期待されている。

他方で社会モデルによれば、障害は単なる個人の医学的問題であるだけではなく、社会や環境との関係によって生起するものと考えられる。ここでいう環境には、健常者のみを念頭に置いて設計された物理的環境はもちろん、法律や制度、文化的な環境を含む。こうした環境との関係で障害を捉えるべきだとする考え方は、欧米の障害者運動においても主張されているし、日本の障害者運動でも主張されてきた(4)。障害の社会モデルがもたらす認識の変化として、次の三つの点が挙げられる。

第一に、何が障害と見なされるかは、個人とそれを取り巻く社会や環境の関係で決まるので、それは絶対的なものではなく、相対的なものであるという点である。たとえば、手話でコミュニケーションをする人が主流の社会では、手話を使えない人は障害をもっているといえる。

第二に、障害の原因を個人ばかりではなく社会に帰属させることが可能になる。従来、障害は身体的・精神的な欠損として捉えられ、そのことが直接的に本人やその家族に不利益をもたらすと考えられてきた。他方で、社会モデルによれば個々の身体的もしくは精神的な状況に適合しない環境によってこそ障害者に不利益がもたらされると考える。

第三に、第二点目の帰結として、障害に関連する生活課題を解消もしくは緩和する責任を、本人以外に求めることができる点がある。したがって社会モデルに立脚すれば、本人が訓練で何とかするか、さもなければあきらめて家族を頼って暮らすかといった状況について、社会的な対応を求める際の根拠となる。

障害の社会モデルの理念をもつ障害者権利条約を批准するにあたって、様々な法改正がなされた。特に誰を障害者と見なすかという本章の関心に照らすと、重要な改正は障害者基本法のそれである。この改正は、障害者権利条約批准のための国内法整備の一つとして行われた。改正前の障害者の定義に関する条文は、次の通りである。

（定義）
第二条　この法律において「障害者」とは、身体障害、知的障害又は精神障害（以下「障害」と総称する。）があるため、継続的に日常生活又は社会生活に相当な制限を受ける者をいう。

この障害に関する定義の条文は、障害者権利条約の批准のための改正において次のように改正された。

（定義）
第二条
一　障害者　身体障害、知的障害、精神障害（発達障害を含む。）その他の心身の機能の障害（以下「障害」と総称する。）がある者であつて、障害及び社会的障壁により継続的に日常生活又は社会生活に相当な制限を受ける状態にあるものをいう。

新旧の条文を比較した際に、変更点として次の二つを挙げることができる。すなわち、第一に精神障害に発達障害を含むことを明記した点である。ただし、発達障害者を障害者の定義に含めること自体は、二〇〇四年に成立した改正において付則で明記されており、二〇一一年の改正はその点をさらに明確にするために本文中に発達障害を加えたものである。

第二に障害の定義に社会的障壁を加えた点である。社会的障壁の定義は、同法の第二条で定義されており、「障害がある者にとつて日常生活又は社会生活を営む上で障壁となるような社会における事物、制度、慣行、観念その他一切のものをいう」とされている。こうした条文の変化は、日本の障害者施策に社会モデルの視点が導入されていることを示していると一まずは言ってよい。「一まず」とあえて表記したのは、日本における社会モデルの導入の方法に大きな限界があると考えるからなのだが、それについては後述する。

これまで述べてきた障害者基本法における定義の変更は、他の法律にも反映されている。たとえば、障害福祉サービスの提供について定めた障害者総合支援法においても、障害者基本法と同じ定義が採用されている。同法では、従来の身体障害、知的障害、発達障害、精神障害に加えて、難病も対象としており、対象とする疾病の種類も逐次増加しており、三六一種類の難病が障害として認定されている。ただし、難病の種類は多くまだ支援の対象範囲が狭いという指摘もある（佐藤・小澤 二〇一六）。他にも障害者虐待防止法でも、障害者基本法と同じ定義が用いられている。さらに発達障害者支援法では、社会的障壁の概念を導入し、社会モデルをふまえた形で発達障害の定義を採用した。

社会モデルを採用している法律もあるが、この視点を導入していない法律も残っている。身体障害者福祉法や精神保健福祉法においては、障害の定義に社会的障壁が組み込まれておらず、医学的な定義がそのまま存続している。知的障害者福祉法に関しては、そもそも知的障害の定義が示されていない。知的障害者に交付される療育手帳は通知によって運営されているが、知能指数、社会生活能力、重複する障害の有無によって交付の可否が決定されている。以上述べてきたことから、日本の障害者福祉施策においては、障害者権利条約の影響により社会モデルが障害の定義に採用されつつあるが、状況にはばらつきがある。

社会モデルが様々な法律や支援の関係者、地域住民に理解されれば、障害者に関する問題をどれほど解決するだろうか。筆者は、社会モデルがもっている意義の大きさを認めつつ、現在のありようのまま社会モデルが法律に取り入れられたとしても、大きな課題が残ると考えている。その課題とはどのようなものかを示しているのが、生活困窮者自立支援の事例である。次節では生活困窮者自立支援の事例を紹介しながら、そのポイントについて述べたい。それらを踏まえて、筆者が現行の障害者－非障害者の区分がもつ問題点について議論を展開する。

2　生活困窮者自立支援の調査に見る「障害」

本節では、生活困窮の背景にいかなる障害があるのかを事例を紹介しつつ述べる。

事例1　就職や家庭の相談の中で何らかの障害が疑われるようになった事例

二〇代の男性からの相談。相談内容は家族間の不和と本人の就職である。家族の口論が絶えない。本人は公務員としての就職を希望していた。就労訓練として協力事業所に通いだしたが途中で通えなくなった。理由は本人もよくわからない。計算や読み書きに不自由がある。

この事例は、背景に軽度の知的障害あるいは発達障害が存在することが考えられるケースである。支援者に聞き取った結果によると、こうしたケースでは療育手帳等の取得を勧めることが多いが、本人や家族が障害を認めないことが理由でなかなか支援が進まない。障害のことを口にしたとたんに、支援に拒否的になる家族が多い。その上、障害を証明するための手続きの煩雑さが、さらに本人や家族を制度の利用から遠ざけているという意見も聞かれた。

ここでいう障害を証明するための手続きとしては、たとえば療育手帳を取得するために、本人の小学校時点での通知表の提出を求められることが挙げられる。生活困窮者自立支援を受けている家庭の中には必要な書類が揃っていない家庭もあり、彼らを障害福祉施策から遠ざける要因の一つとなっている。(5)

事例2　親の死亡をきっかけに生活の困難や障害の疑いが顕在化した事例

市役所から相談。市の職員が必要な手続きのために訪問し支援につながった。本人は、親族が亡くなるまで、その年金によって生活してきたが、親族が亡くなってから遺産で生活している。大学を卒業し、一般企業で就労した経験がある。現在は協力企業に通い様々な作業をしている。コミュニケーションがうまくいかない、生活上の必要な手続きをプレッシャーに感じる等の生活課題がある。ただしこれらの課題は周囲の観察によって指摘されているもので、本人にその認識はなく、障害についての認識もない。

最初の事例とも共通するが何らかの障害があるように疑われているが、その障害が明確ではない事例である。支援者が観察している様子から推察すると、知的障害や発達障害、精神障害あるいはそのいずれもの診断がなされる可能性がある。もし、診断を受けて障害福祉サービスを利用する方向で支援を勧めるとしたら、やはり本人の納得を得る必要がある。その上で、必要な手続きを本人のペースに合わせて、行っていく必要があろう。その際、大学を卒業して一般の企業に勤めていた本人が、自分の暮らしにくさや働きづらさを「障害のため」と考えられるかが、この方向での支援を進めていくことが可能かどうかのポイントになる。もしそれが難しければ調査時点と同じように、協力企業を開拓し、中間的就労の場を確保し、その中で仕事に必要なスキルを習得していくことを支援することになる。どちらの支援が選択されるかは、本人がこれまでの自分の人生をどのように理解しているのかという点に依存している。

事例3　ひきこもり状態の背景に精神的な疾患や障害が疑われる事例

両親から相談。当初、生活困窮の相談であったが、家庭内に長期にわたってひきこもっている娘がいることが後に判明する。娘は大学卒業後、いったん就職したが、職場のトラブルなどを原因として出勤できなくなり、長期間のひきこもりに至っている。結果として、本格的な支援が始まる前に両親が相談した病院の医師が、措置入院制度によって本人を入院させ、調査時点では同じ医療法人の関連施設に入所している。

生活困窮者自立支援を入口としながら、大人のひきこもりの課題に突き当たった事例である。支援者からの聞き取りによれば、生活困窮の相談の中で同様の例は少なくない。ひきこもり状況にある場合には、本人とのねばり強いコミュニケーションが必要となるが、その実行は容易ではない。地区を担当している保健師によると、支援者が訪問することによって本人による家族への暴力が起こるリスクがあり、対応に苦慮する場合がある。ひきこもり状態が長期化し、年齢を重ねれば重ねるほど就職からは遠ざかり、経済的にも精神的にも家族に依存することになる。そして、家族等を亡くした場合には全く生活が立ちゆかなくなることもあり得る（事例2はそれに近い状況で発見された）。

こうしたひきこもりの背景には、診断を受けていない精神障害や発達障害が存在していることが多い。[6] しかし、本人やその家族が自らの状態について必ずしも自覚的とはいえず、自発的に医療とつながることを期待しにくい状況もある。ひきこもっている本人の抵抗（暴力）に加えて、家族もひきこもっている状況について体裁が悪いと感じることが、さらに事態を困難にする。こうした状態があるからこそ、生活困窮者自立支援に関する事例では、ひきこもりのケースがしばしばみられる。

以上の紹介した事例の共通した特徴は次の点である。第一に、健常者として長期間生活した後に障害に関係した課題に直面している。第二に本人（場合によっては家族も含む）において自分の障害に対する認識が極めて希薄、もしくは全くないという点である。第三に、前の二点と関連して、本人もしくは家族が自発的に障害福祉サービスの利用を検討、模索するという展開を期待しにくいという点である。こうした状況に置かれた人々は、福祉サービスに対する客観的ニーズをもちつつも、それにアクセスできない状態にある。結果的に、これらの人々に対応をしているのが生活困窮者自立支援制度とそれに基づく支援である。もちろん、本来サービスのニーズをもっていながら、制度にアクセスできない人々の存在は、障害福祉サービスにとっても関係のある課題である。その課題について節を改めて考察したい。

3　生活困窮者自立支援から見た課題

さて、前節までの議論をふまえて、生活困窮者自立支援の実態が示す課題を検討しよう。支援を必要とする人の立場から、支援を利用するプロセスに沿ってどういう課題が存在するのかに注目しながら考察していく。

第一に、人が福祉サービスを利用するにあたって問題となるのは、他の人ならば困りを感じるだろう状況で「うまく困る」ことができるかどうかである。ここでいう「うまく困る」とは、多くの人が困りを感じるだろうという状況にもかかわらず、何らかの理由で困りを感じない状況を意味している。理由には疾患や障害といったものもあれば、環境の影響もある。支援者の聞き取り調査からは周囲が問題視していても本人が困っていないという事例が多いことがわかる。その背景には様々なものがあろうが、一つには困りを感じないこと自体が本人もしくは家族の障害や症状のあらわれである場合もあろう。

これに加えて、自分が置かれている状況について、周囲が問題だと感じるようなことでも本人にとっては当たり前に感じられるといったこともあり得る。障害者福祉に限らず、本人が困っていなければ福祉サービスにたどりつくことは難しい。本人が困りを感じていないのに、介入が可能なのは措置入院といった限られた場合である（前節の事例3はこれにあたる）。申請主義の障害者福祉制度は、生活上の困難を感じた人が自らあるいはそれが難しければ家族が申し出ることを前提としている。しかし、生活困窮者に関する調査から見えてきたのは、そもそも困るべき状況でうまく困れていない人たちの存在である。

第二に、何らかの困りを感じた場合にその状況を正しく認識できているかという問題がある。先に紹介した事例においても、最初に受けた相談をきっかけに違う生活問題が次々に発覚する場合がある。そうした場合には、最初の訴えはその家族の抱えている中核的な問題ではなく、副次的な問題であったことが後から判明することが多い。困りを感じたとしても「何が優先的にとりくまれるべき問題なのか」「問題の背景にはどんな原因があるのか」について適切に把握できるとは限らない。実際、前節の事例1や事例3では最初の相談内容とその家族の中核的な問題は異なっていた。自分自身も生活課題を抱えているにもかかわらず、あくまで他の家族が課題を抱えていて困っていると相談者が訴えることがしばしばある。

また、周囲の住民や支援者からみれば深刻な生活問題が累積しているのにもかかわらず、本人は「当座のお金がない」ことだけが問題だと考え、「とにかくお金を借りられたら問題が解決する」と訴えることが多い。こうした場合には、支援者が様々な支援の利用を提案しても、一部の支援だけを受けることに同意し、他の支援に対して拒否的になる。とりあえずいくらかのお金を借りることができればよいのであって生活歴を聞かれたり、家計簿についてアドバイスされたりするなど不要だという具合である。

さらに、困りごとの原因として障害が疑われるにもかかわらず、それを本人や家族が認識しない場合もある。その背景には、すでに述べたことと一部重なるが、家庭環境の問題、すなわち、本人の発達や成長を見守る人がいない等の理由から障害が見逃されてきたこと、親も何らかの障害をもっていること、障害が比較的軽度であって、就職などの大きなライフイベントまでわからなかった等、様々な事情があり得る。これらに加えて、長らく非障害者として生きてきた人や非障害者として子どもを育ててきた親にとっては、障害を認めること自体がしばしばスティグマとなってしまう。前節の事例1はまさにそうした事例である。

ここで、これまで述べた第一点、第二点に関連して障害-非障害者という区分の問題点に関して筆者なりの見解を示す。本章2で日本の障害者福祉制度の最近の改革について述べたが、いくら社会モデルが浸透しても「自分には障害なんてない」と考えている人はそもそも障害者福祉の対象になることが難しい。特に日本の場合、社会モデルといっても既存の医学的な定義に上乗せする方法でその浸透を図っている。すなわち、最初に医学的診断によって障害が明らかにされ、そうして認められた障害者の人達についてはその環境も考慮すべきという発想になっている。思い切って換言すれば「社会モデルで誰を見るのか」が医学的診断によって決定されている。本人や家族が診断を受けようとしない限り、彼らは障害者福祉の対象にならない。したがって、「医学モデルか社会モデルか」の手前で、実質的には障害による生活課題を抱えながら、障害をめぐる議論の俎上にそもそも上がれない人が存在している。

障害の捉え方についてさらに補足しておきたい。筆者は障害の判定における医学的診断について、いくつかの点で重要な意味をもつと考えている。すなわち、障害の医学的な解明が進むことで、「親の育て方や家族の態度がよくない」とされてきた発達障害、精神障害をもつ本人やその家族は偏見や自責の念から解放されることがある。また、早期に障害が発見されることで利用できる支援の幅が広がることもある。さらに、制度上は医師の診断が対象者にサービスを給付するにあたっての権威や正当性を担保している。(7)

ただし前述の調査では、医学モデルがうまく機能しない状況も明らかになっている。障害を見過ごされてきた人の中には軽度の障害が疑われる場合が多く、障害が明らかになったとしても十分な支援の対象とならない可能性もある。しかし、そうした判定にもかかわらず、彼らの家庭では様々な課題が累積していたり、本人の疾患や障害が放置されていたりすることによって、大きな困りごとを本人が抱えている場合もある。医学モデルに立脚するにせよ社会モデルに立脚するにせよ、そもそも障害を認めない者は制度や支援に包摂されず、仮に障害を認めたとしても本来のニーズがうまく把握されるとは限らない。これこそ筆者が考える生活困窮者自立支援が示唆する障害者福祉の基本的課題である。

では、議論を障害者福祉の課題に戻そう。第三に、サービス利用に向けた情報収集をしたり、手続きをしたりする上での問題である。この段階では、感じた困りを受けてうまく行動できるかどうかが重要となる。調査によれば、煩雑な手続き自体が支援を受けている人にとってストレスになっていることがある（事例2はこれに該当する）。またひきこもりのケースも本人はこのままでよいとは思っていないことがほとんどであるが、身動きが取れない状況になっていることが多い。また親族等と疎遠になっており必要な情報から遠ざかっている状況もあり得る（事例2では、本人の祖母は介護保険施設等に入居していた）。

この点に関係する制度側の問題として、制度によって窓口が統一されていないことや、療育手帳の例にあったように必要な書類をそろえることが利用しようとする者にとって困難といったことが挙げられる。また、こうした手続きの煩雑さを解消することが課題である。

第四に、これまで非障害者として生活してきた人にとって適合したサービスを提供できるかという問題である。障害が疑われながら、生活困窮者の対象となっている人は非障害者としての長期間の生活歴をもっている（すべての事例に当てはまる）。たとえば前節の事例2のように大学を卒業している例もある。そうしたケースでは、支援者が「障害がある人と一緒に仕事の訓練をしましょう」と勧めたとしても、本人の利用にはつながりにくい。このことをもって本人が障害を受容していないとか、他の障害者に偏見をもっているなどと批判をすることは容易である。しかし、社会モデル的観点からいえば、医学的な障害を放置されてきたという社会的な不利益であるといえる。

これに関連した問題は、心理的な抵抗感といったものだけでなく、サービスの効果とも関係している。一口に障害者といっても障害の種類や重さによって困りごとの種類や程度、必要としている支援も異なるだろう。これまで非障害者として生きてきた比較的軽度の障害をもつ人と生まれつき重い障害があり、周囲もそのことを理解している人では求める支援も異なってくる。仮に自分の障害を認めたとしても、「障害の程度や困りごとの種類が全く異なる障害者ばかりしか自分の周辺にいない事業所に通い続けても、自分の状況はよくならない」と考える人もいるだろう。そして、そのような状況で通い続けても効果的な就労の支援につながりにくい。医学的な障害の有無、重い／軽いといった区分けとは異なり、障害によって異なった困りごとを抱えているという視点から、福祉サービスの種類を拡大していく必要がある。

第五に、受給したサービスや所得保障を活用する能力に関する問題である。社会保障制度により給付された金銭は通常、受給者の責任で活用し、生活を維持するために効果的に使用すべきものと考えられている。しかし、生活困窮者自立支援のケースでは、この点に大きな課題をもっている場合がある。何らかの金銭給付があってもすぐに使い切ってしまう、支出の優先順位を決定できないといった場合である。プライバシーの侵害にならないよう注意しながら、家計への支援が必要となってくる理由がこの点である。

様々な社会資源をうまく活用することが困難であるという状況は、金銭給付だけでなくサービス給付においてもあり得る。たとえば発達障害や知的障害がある（もしくは疑われる）事例の場合に、ある事業所ではスムーズに訓練できていたのに、環境が変わると全く力を発揮できないといった状況もある。常識的に考えると、あるところで行った訓練がうまくいけば、同じ作業を他の場所でもできるはずであるが、障害によっては、環境が変化することで、訓練の成果がうまく出せないことがある。金銭給付にせよサービス給付にせよ、給付した後のモニタリングやフォローアップが重要となってくる。

4 医学的な障害にのみ囚われない支援へ

前節で提示した障害者福祉の課題に対して、どのような解決策があり得るだろうか。本節ではその方向性について議論したい。筆者の考えは方向性を考察する上で重要な点は、いかに支援へのアクセスをスムーズなものにしていくかという点である。この点について、スティグマ、アウトリーチ、「地域による支援」をキーワードにしつつ検討する。

まず、重要になるのが支援を受けることをスティグマに感じさせないという点である。筆者がかねてから研究している障害者解放運動では、しばしば社会的にスティグマとされるような属性をいかに肯定するかが非常に重要な論点となる。しかし、本章で中心的に検討した非障害者として長く生活し、かつ障害に対する意識も希薄という人々に対しては、別の方向があり得る。それは、障害者かどうかという認定を経ずに（あるいは負担にならない認定で）、現在の困りごとに対応するという方策である。具体的には、手帳等ではなく医師の診断書や現在の困りごとに関する調査で現在以上のサービスを利用できるようにすること、発達障害や軽度の障害者に対してはことさらに、障害を強調しないで支援すること等が挙げられる。過去に遡って障害を証明するようなあり方から、「就職しても定着できずに何度も就職と離職を繰り返している」といった現在の困りごとに着目した支援は、障害の社会モデルの観点からも支持されるはずである。

次にポイントになるのは、ソーシャルワークのアウトリーチの機能である。障害者-非障害者の狭間にいる人は、自らの困りごとを適切に表現することが難しい場合も多い。というのも、本章で強調してきたように、そもそも窮状にあることを認識することに困難を抱えている場合があるからだ。申請主義の発想では、こうした要支援者を捕捉することはできない。また、ある出来事をきっかけに「問題」が発覚したとしても、それが問題の核心とは限らないので、分野や領域に拘泥すると適切な対応ができなくなってしまう。

最後に地域による支援が重要である。前述のように生活問題を様々な理由によって、「問題」として認識できていないという点に課題の核心がある。そのため必要になるのが誰かに代わりに困りごとを発信してもらうことである。ここでいう地域による支援とは、一般的な内容ではなく、困りごとを代弁してもらうという点に特に注目したものである。もちろん障害を疑われている人たちの中には、地域で孤立しているケースがある。「あそこの家はもめごとが絶えない」とか「ごみを片づけないから迷惑している」といった具合である。しかし、これは視点を変えれば、本人が困らずに周囲が困っている状況であって、問題を発見するための好機であるともいえよう。支援者にはこうした周囲の困りごとに早目に関わることで、要支援者が深刻に孤立することを防ぐ可能性が高まるのではないか。さらに踏み込めば、要支援者に対して否定的な周囲の住民の中で、要支援者に少しでもサポートできる人を見つけることも重要になるだろう。このようにして要支援者やその家族の代弁者として機能する住民を増やしていくことは、個別支援と地域支援の結節点としても意味をもつはずである。

本章では、障害-非障害という二項対立を切り口として、生活困窮者自立支援制度の対象となる人の障害を、従来の医学モデル的な障害者福祉制度から社会モデルを踏まえた制度へと変容しつつあるものの、それでもうまく支援できないと論じた。そうであればこそ、これらの人々は生活困窮者自立支援制度によって対象とされているのであるが、障害者福祉制度においてもスティグマの軽減のための手帳制度の抜本的な見直しなどが必要である。障害者福祉制度を利用するためには自らの障害を証明しなければならないという発想は、いたって常識的かもしれないが、それに囚われることによって障害者福祉制度の敷居が高いままであれば、本章で見たような事例を生活困窮者自立支援制度に押しつけ続けてしまうことになるだろう。

注

（1）障害者の権利条約や障害者自立支援法の訴訟問題の影響を受けた障害者制度改革の全体像については、佐藤（二〇一五）等を参照いただきたい。また、改革が必要とされた障害者自立支援法の批判的な検討として伊藤（二〇〇九）がある。

（2）障害者の権利条約についてはこれ以外にも様々な論点があるが、それについては先行する諸研究を参照されたい（松井・川島 二〇一〇；長瀬・川島編 二〇一二）。また、合理的配慮については、川島ほか（二〇一六）を参照。

（3）筆者は、障害をもっぱら個人的な問題とし、かつ個人が努力して解決すべきだと考えるという意味で個人モデルという言葉の方が適切ではないかと考えている。障害をもっぱら医学的に捉えることを批判的に医学モデルと呼ぶわけだが、医学が不要という誤解を与えかねないという懸念がある。しかし、医学モデルを使用する例の方が多いために両者の異同やどちらが適切かといった議論はいったん置き、医学モデルを使用する。

（4）本章では医学モデル／社会モデルの議論をかなり単純化している。より詳細な検討については次の文献を参照されたい。イギリスでの障害の社会モデルの生成については田中（二〇一七）、イギリス、アメリカにおける社会モデルに関する議論の展開をまとめたものして杉野（二〇〇七）がある。社会モデルの理論を再構成する試みとしては星加（二〇〇七）がある。

（5）通知表等の記録が発達障害の診断にとって重要だとする専門家の指摘もある（岩波 二〇一七）。しかし、それがなければサービス等の受給ができないとすれば、やはり問題があるだろう。さらに踏み込んで指摘すれば、通知表が生得的な障害を証明するわけではない。杉野昭博は日本の障害等級制度等の仕組みについて一見、医学的な体裁をもっているが、純粋に医学的というよりも行政上のルールとしての側面が強いと指摘している（杉野 二〇一二）。重要な点は、医学的な診断がある側面では重要な点をもっていることを認めつつ、それが支援を必要としている人にとって障壁になっていないか、に注意を向けることであろう。

(6) ひきこもりについては、齊藤ほかの作成したガイドラインを参照した（齋藤ほか 二〇一〇）。ちなみに内閣府が二〇一六年に公表した調査ではひきこもり（半年以上仕事や学校に行かない状態）の人は、五四万一〇〇〇人とされている。ただし、この調査は四〇歳以上を対象としていない。

(7) 医学的診断が本人の精神的な支えとして機能する例として、ニキによる手記がある（ニキ 一九九九）。この点に関連して注目したい点として、近年、愛着障害の問題や虐待による脳への影響へ注目が集まっていることがある（岡田 二〇一七；友田 二〇一七）。これらの研究の意義を一概に否定するつもりは全くない。しかし、幼少期からの愛着や関わりが脳に影響を与えるという研究結果が、「やはり、親の育て方が問題なんだ」「親の養育態度が発達障害をもたらす」といったような偏った形で理解されないように注意する必要があるだろう。

参考文献

伊藤周平（二〇〇九）『障害者自立支援法と権利保障――高齢者・障害者総合福祉法に向けて』明石書店。

岩田正美（二〇一六）『社会福祉への招待』放送大学出版会。

岩波明（二〇一七）『大人のＡＤＨＤ――もっとも身近な発達障害』ちくま新書。

岡田尊司（二〇一七）『愛着障害――子ども時代を引きずる人々』光文社新書。

越智あゆみ（二〇一一）『福祉アクセシビリティ――ソーシャルワーク実践の課題』相川書房。

川島聡・飯野由里子・西倉実季・星加良司（二〇一六）『合理的配慮――対話を開く、対話が拓く』有斐閣。

佐藤久夫（二〇一五）『共生社会を切り開く――障碍者福祉改革の羅針盤』有斐閣。

佐藤久夫・小澤温（二〇一六）『障害者福祉の世界 第5版』有斐閣。

齊藤万比古ほか（二〇一〇）「ひきこもりの評価・支援に関するガイドライン」(http://www.mhlw.go.jp/file/06-Seisakujouhou-12000000-Shakaiengokyoku-Shakai/0000147789.pdf 二〇一八年四月一日アクセス)。

杉野昭博（二〇〇七）『障害学――理論形成と射程』東京大学出版会。

杉野昭博（二〇一二）「戦後日本の障害者福祉研究」『障害と福祉』(リーディングス社会福祉⑦) 日本図書センター、三-二九頁。

田中耕一郎（二〇一七）『英国「隔離に反対する身体障害者連盟（UPIAS）」の軌跡――〈障害〉の社会モデルをめぐる「起源の物語」』現代書館。

友田明美（二〇一七）『子どもの脳を傷つける親たち』NHK新書。

長瀬修・川島聡編（二〇一二）『障害者の権利条約と日本――概要と展望』生活書院。

ニキ リンコ（一九九九）「所属変更あるいは汚名返上としての中途診断――人が自らラベルを求めるとき」石川准・倉本智明編著『障害学への招待――社会、文化、ディスアビリティ』明石書店、一七五-二二二頁。

星加良司（二〇〇七）『障害とは何か――ディスアビリティの社会理論に向けて』生活書院。

松井亮輔・川島聡編（二〇一〇）『概説障害者権利条約』法律文化社。


（廣野俊輔）

第2章　一般就労と福祉的就労
――就労困難者にたいする就労支援の課題

二〇〇〇年頃から若年層を中心にして就業機会をみつけることが困難な「就労困難者」の存在が認識されるようになり、様々な就労支援が行われるようになった。こうした就労支援は、地方公共団体や民間ＮＰＯの取り組みが先行したが、二〇一五年に生活困窮者自立支援法が施行され、就労準備支援事業、就労訓練事業が始まって国の政策となった。しかし、国の政策となっても、就労支援の目標や支援の方法などについて試行錯誤が続いている。

就労に困難を抱える人々は、様々な生活課題を抱えており、就労の意欲やニードなども多様である。就労支援を行っても経済的な自立につながるとは限らない。しかし、もともと働くことのもつ意味は多面的であり、就労による経済的自立は目標の一つであっても、就労支援は、それにとどまらない意味をもつと考えられる。本章では、こうした視点から、就労困難者にたいする就労支援はどのように進められるべきなのか、就労支援の課題について論じる。

1　雇用社会の変化と就労困難者

(1) 就労困難者という問題認識

二〇〇〇年代に貧困・生活困難の問題が顕在化する中で、特に若年層を中心にして、就業機会をみつけることの困難な「就労困難者」の存在も注目されるようになった（筒井・櫻井・本田編著 二〇一四：石井・宮本・阿部編 二〇一七）。こうした中で、就労困難な人々にたいして「自立」した生活に向け、様々な就労支援が行われるようになった。就労支援は、大阪府、横浜市など自治体レベルでは、比較的に早くから取り組まれてきた（福原 二〇〇七：筒井・櫻井・本田編著 二〇一四）ほか、若者支援団体など民間NPOの取り組みも少なくなかった（阿部 二〇一八）。

もともと就業機会が得られない人々にたいしては多くの雇用政策がとられてきた。しかし、本章で取り上げるのは、職業紹介、職業訓練など一般の雇用政策では就業機会を得ることが困難な人々であり、この中には、ニート、ひきこもり、スネップといわれる人々も含まれているが、その置かれている状況は実に多様であって、定型的な表現では把握できない。日本の雇用政策では、こうした就労困難者についてほとんど問題認識がなく、したがって政策もとられていなかった。

一方で、社会福祉の観点からは、障害者にたいする就労支援の経験が積み重ねられるとともに、ひとり親世帯や生活保護世帯の就労支援なども取り組まれてきた。これら雇用政策と福祉施策との間には、重なる部分もあるが、異なる考え方に立つところが少なくない。とりわけ、支援すべき目標、目指す「就労」の像が両者で違っている。

就労困難者にたいする就労支援が国レベルの政策となったのは二〇一五年の生活困窮者自立支援法の施行によってである。様々な生活問題・困難を抱える人々の「自立」を目指す生活困窮者自立支援法では、就労準備支援事業、就労訓練事業が任意事業となった。これによって就労支援の取り組みは広がった。[1] しかし、就労に困難を抱える者の生活課題は多様であり、就労の意欲や能力なども個人によって異なる中で、就労支援では何を目指し、また、どのように支援するのかといった具体的な点は、必ずしも明確になっていない。就労支援については、対象者の像を的確に把握した上で、就労のもつ多面的な役割をふまえた議論が必要である。

(2) 労働市場の構造変化と就労困難者の広がり

市場社会において雇用・失業問題は、いつの時代にも重要な社会問題である。失業が所得の中断を意味することはもとより、雇用の状況は働く人々の経済的生活を規定するからである。したがって、失業者、不安定雇用者、低賃金労働者などをいかに安定した雇用機会に結びつけるかは、重要な政策課題とされてきた。

しかし、従来は「就労困難者」といった人々が注目されることはほとんどなかった。もちろん、障害者にたいする就労支援は長く取り組まれてきた。また、寡婦・母子世帯などの女性の就労困難も常に認識され、政策課題とされてきた。その点でいえば、「就労困難者」は常に存在していたし、その就労支援もいつも課題であったともいえる。しかし、これらは対象者が明確に分けられ、特定の人々への支援の枠組みとして、一般の雇用政策とは区別されてきた。

しかし、今日問題となっている「就労困難者」は従来の問題認識とは異なっている。一九九〇年代に日本の経済成長の終焉に伴い、失業者数は急速に増加した。それは年齢を超えた雇用問題であったが、とりわけ若年失業者の増加、就職氷河期といわれた就職難など、若者の雇用問題が社会的に注目された。労働市場全体として非正規雇用者が増加する中でフリーターが増加したことも議論を呼んだ。そうした中で、若年者を中心にして就労が困難な人々の存在も次第に注目されるようになった。特に、玄田・曲沼（二〇〇四）が「ニート」として無業の若者の存在について問題提起したことを受けて、いわゆるひきこもりも含めた無業者＝就労困難者の存在が認識されるようになった。フリーターは就業してはいるが、その中には正社員あるいは安定した職を希望しながら、それに就くことが困難という意味で就労困難者の問題と重なり合う面もある(2)。

こうしたなかで、若者にたいする政策的支援は、二〇〇三年の「若者自立挑戦プラン」から本格的に進み、若者自立塾、ジョブカード、トライアル雇用など多くの政策がとられた（濱口 二〇一三：阿

部 二〇一六）。その多くは、若者に焦点をあてた労働市場政策であるが、中には就労困難な若者を主な対象とし、多様な支援に取り組む「地域若者サポートステーション」のような事業もあった。
それでは、なぜこの時期に急に就労困難者が社会問題になったのであろうか。その背景には、雇用構造の変化がある。たとえばフリーターは、一九九〇年代に非正規雇用の増加、雇用情勢の悪化の下で増加した。また、ニートも、小杉編（二〇〇五：一〇-一一）によれば雇用情勢が悪化した時期に学校を卒業した者が多く、若者の職業意識の問題というより、雇用情勢が就労の困難な若者の広がりをもたらしたことを示唆している。若者の全般的な雇用情勢の悪化が一部の若者の就労を特に難しくしたが、それが次第に世代を超えた問題として認識されるようになり、就労困難者という問題を顕在化させたとみることができる。

(3) エンプロイアビリティの高まりと「就労困難」

もっとも、非正規雇用者はもとより、ニート、ひきこもりなども、九〇年代に新たに起こった現象とは考えにくい。就労の困難な者は、以前から存在したけれども社会的には認識されていなかった。ところが、一九九〇年代に入り経済成長が終焉し、失業者の増加、良好な雇用機会の縮小する中で、もともと労働市場で「脆弱性」をもつ労働者が、労働市場から排除され、就労がさらに困難になったといえる。したがって、就労困難者の問題は、ニート、ひきこもりなどの個々人の特性の問題というよりも、経済成長の終焉による雇用環境の変化、特に労働市場の周辺部での雇用の縮小によって生み出されたとみることができる。

しかし、雇用情勢が改善されれば就労困難者は減少するのだろうか。確かに、二〇一三年以降、雇用情勢が改善する中で就労困難者も量的にはある程度減少している。しかし、九〇年代以降雇用構造が変化し、非正規雇用が約四割を占めるほどになったことにみられるように、失業者の減少はみられても雇用の基本的構造には大きな変化はない。経済構造が変化した九〇年代に労働者の少数精鋭化が進み、正社員は高いエンプロイアビリティをもつ人に限定されることになったからである。その一方で、労働市場においてエンプロイアビリティが相対的に低い労働者は、良好な就業機会につくことが困難になり、フリーターあるいは無職となった。それが就労困難者の広がりの背景である。

「エンプロイアビリティ」というのは、「企業内の人材囲い込み戦略や、外部労働市場への流動化志向の際に用いられる場合が多く」「労働市場価値を含んだ就業能力、即ち、労働市場における能力評価、能力開発目標の基準となる実践的な就業能力と捉えることができる」(労働政策審議会職業能力開発分科会 二〇〇一)もので、二〇〇〇年前後から主として雇用管理で使われるようになった。この頃から日本は、エンプロイアビリティが高くないと安定した就業機会を得ることが難しい社会になっていったのである。つまり、全体として九〇年代以降の日本経済の変化や労働市場の構造変化の下で、雇用されるハードルは高くなり、そうした中で特に労働市場に新規参入する若者の就労の困難が大きくなった。しかし、それは若者には限られず、世代を超えて就労が困難な人々が生み出されたといえる。就労困難と日本経済の構造変化は結びついているのである。

2　雇用政策と就労支援

(1) 労働市場における雇用の促進政策

失業中や無業の人たちの雇用の促進は主として雇用政策が担ってきた。雇用政策の柱は、雇用のマッチングを図る職業紹介と職業訓練である。雇用情勢が悪化している場合は雇用創出も重要な政策であり、多くの場合、公共投資など財政支出による雇用の創出が行われる。失業問題が深刻な場合には失業者を直接吸収する目的で雇用機会の創出策がとられることもある。最近の日本では、二〇〇〇年代に雇用政策の地方分権化が進む中で、地域に雇用の場をつくり出す「ふるさと雇用再生事業」などが取り組まれた。しかし、これは短期雇用をつくり出す、臨時的な政策にとどまり、その効果は限定的であった（阿部 二〇一一：二三―二五）。

日本の場合には、雇用のマッチングを補完するものとして、様々な雇用関係助成金がある。主に雇用主を対象とした助成金によって、特に雇用環境が厳しい者の雇用を促進したり、雇用維持をはかる制度である。これには多様な助成金があるが、障害者やそのほか就業条件の不利な者の雇用を促進する特定就職困難者雇用開発助成金もその一つである。これは、高年齢者（六〇歳以上六五歳未満）や障害者などの就職が特に困難な者を、ハローワークまたは民間の職業紹介事業者等の紹介により、継続して雇用する労働者として雇い入れる事業主に対して、賃金の一部を助成する制度である。このほか、不況期など雇用情勢が悪化したときに、雇用調整を緩やかにするため従業員を休業させた事業主にたいする雇用調整助成金制度もよく知られている。しかし、これらは雇用主への助成の制度であって、就労の困難な人々にたいする直接的な支援策ではない。

その一方で、就労への意欲や労働者の心と体の健康、また個別的な生活上の困難や課題などは、労働市場外の問題であり、人材のマッチングをはかる雇用政策の対象とは考えられていない。

(2) 生活保護世帯、ひとり親世帯に対する自立支援政策

こうした一般的な雇用政策の一方で、福祉政策として経済的な自立を目指す就労支援の取り組みも以前から行われてきた。

一つは、生活保護受給者にたいする就労支援である。生活保護法は、第一条で「生活の保障」と「自立の助長」という二つの目的を挙げており、経済的自立に向けた就労支援も取り組まれてきた。生活保護の就労支援では「ハローワークと連携したチーム支援」がうたわれ、就職支援ナビゲーターによる支援、職業訓練など「生活保護受給者等就労自立促進事業」が行われている。しかし、これは

ハローワークが中心になっていることにみられるように、職業カウンセリング・職業紹介が柱であり、雇用政策の面が強いといえる。

二〇〇四年の「生活保護のあり方検討委員会報告」では、「利用しやすく自立しやすい」制度とすることがうたわれ、「自立」の支援が強調された。ここでの自立には、経済的自立とともに、日常生活自立、社会生活自立の三つがあるとされているが、就労を通じた経済的自立は中心的な論点となり、自立・就労支援が福祉事務所の事業と位置づけられて指導・指示（法第二七条）が行われることになった。これを受け、二〇〇五年頃から多くの地方公共団体が自立支援プログラムに取り組むようになる。また、二〇〇七年には「『福祉から雇用へ』推進5か年計画」が策定され、母子家庭世帯、生活保護世帯、障害者等の就労移行の五年後の目標が設定されるなど、就労促進の取り組みが推し進められている。

もともと日本の生活保護は捕捉率が低く、給付の対象が高齢世帯、傷病・障害世帯などが中心のため、就労が難しい者が多数を占める。そうした中で就労支援には大きな効果は期待できない。また、経済的自立の前提ともなる日常生活自立支援、社会生活自立支援は、ケースワーカーの数の相対的な少なさもあって、十分に行われてこなかった。その面でも効果は小さいといえる。

一方、ひとり親世帯にたいする就労支援も常に課題とされてきた。ひとり親世帯の貧困については、近年その相対的貧困率の高さが社会問題となっているが、戦後の主として戦争未亡人が母子世帯の中心であった時期から、その「経済的自立」に向けた就労支援は母子世帯にたいする政策の柱となってきた。

ひとり親世帯にたいする[5]近年の支援策は、母子及び父子並びに寡婦福祉法に基づき「自立促進計画」を策定して進められている。これは、子育て・生活支援、就業支援、養育費の確保、経済的支援の四つの柱で構成されるが、このうち「就業支援策」としては、マザーズ・ハローワークによる支援、母子家庭等就業・自立支援センターによるワンストップサービス、個別の自立支援プログラムの作成、自立支援教育訓練給付金、看護師などの資格取得のための就学者へ生活費を給付する高等技能訓練等促進給付金など多様な施策がある。

これらは、一般の雇用政策を基本にしつつ、ひとり親世帯にターゲットを絞って就労の促進をはかる支援策であり、基本的には職業紹介と職業訓練が柱となっている。しかし、もともとひとり親世帯の就業率は八一・八％（平成二八年度全国ひとり親世帯等調査）と高く、その貧困問題は、就業者の四八・四％（同前）が非正規雇用という、就業の中身にこそ原因がある。その一方で、就労に困難な問題を抱えるひとり親世帯もあるが、これにたいしてマッチング政策だけで大きな成果を上げることは困難であろう。

(3) 障害者にたいする就労支援

障害者にたいする就労支援は、大きくみて二つの施策で構成されている。一つは、「障害者の雇用の促進等に関する法律」に基づき「一般就労」を支援する政策であり、民間企業等へ就職することを目指している。これは、職業紹介・職業訓練を柱としつつ、障害者雇用率の設定や障害者差別禁止法などに支えられ、基本的には労働市場で就労することを追求する。もう一つは、障害者総合支援法に基づく就労系の障害福祉サービスと位置づけられるものであって、「就労継続支援A型事業所」「就労継続支援B型事業所」「就労移行支援事業所」での福祉的就労がある。これら障害者の就労支援では、前者が障害者を対象とした「雇用政策」であるのにたいして、後者は障害者にたいする「社会福祉サービス」と位置づけられ、労働市場における雇用とは区別される。

障害者にたいする就労の支援は、共同作業所などをはじめとして経験が積み重ねられてきた分野であり、多くの成果も挙げてきた。特に、障害者雇用率が引き上げられる中で、一般の仕事に雇用される者も増加している。しかし、今日でも、なお一般就労と福祉的就労が区別され、労働市場に包摂が可能な者は一般就労に就く一方で、多くが福祉的就労にとどまるという二重の構造になっている。

3　生活困窮者自立支援法の成立による就労支援政策の確立

二〇一五年四月に生活困窮者自立支援法が本格的に施行され、この制度の任意事業として、「就労準備支援事業」と「就労訓練事業」が行われるようになった。国として本格的な就労支援の政策は、これが初めてである。就労準備支援は、「『社会との関わりに不安がある』、『他の人とコミュニケーションがうまくとれない』など、直ちに就労が困難な方に六カ月から一年の間、プログラムにそって、一般就労に向けた基礎能力を養いながら就労に向けた支援や就労機会の提供」を行うこととされている。一方、就労訓練事業は「直ちに一般就労することが難しい方のために、その方に合った作業機会を提供しながら、個別の就労支援プログラムに基づき、一般就労に向けた支援を中・長期的に実施する」とされている（生活困窮者自立支援制度の紹介）。

生活困窮者自立支援法では、生活困窮者の抱える多様な生活課題を捉え、日常生活の自立など、多面的な自立に向けて多様な支援を行う制度であって、必ずしも経済的自立を目指すものとは限らない。そうした中で、「就労準備支援事業の手引き」は「就労準備支援事業が創設されたのは、まさに、従来の雇用施策の枠組みでの支援になじまない層に対する支援を強化・充実させるためであ」ると述べている。つまり、この事業は、労働市場での一般就労が困難な人々を主体たる対象にして、就労に必要な生活習慣の確立やコミュニケーション、体力などの向上などを通じて、その就労を支援しようとするものであって、一般的な雇用政策とは異なり、直接的に労働市場での雇用を目指すものではないことが明確にされている。従来は失業や無業の人々にたいする就労の支援策は、障害者にたいする福祉的就労を除けば、雇用政策として位置づけられてきたが、それでは対応できない就労困難者の問題を認識し、雇用政策とは異なる政策体系として「就労支援」がつくられた点に新制度の意義がある。

生活困窮者自立支援法につながる社会保障審議会生活困窮者の生活支援の在り方に関する特別部会の報告書でも、「生活困窮者の就労意欲の喚起のためには、その前提としての動機づけ、一般就労に向けた基礎能力の形成など、いくつかの段階を設けることが必要である」として「就労準備支援事業」の必要性を述べている。特に「生活困窮者が一般就労に就くためには、それぞれの生活困窮者の状態により、いくつかの段階を経る必要があ」り、「①社会参加のために必要な生活習慣の形成や回復のための訓練、②就労の前段階として必要な社会的能力を身につけるための訓練、③継続的な就労経験の場を提供し、一般就労への就職活動に向けた技法や知識の取得等の支援を行う訓練」といった段階的で、幅広い支援を提起している。

この報告書では、「中間的就労」という考え方も導入された。「直ちに一般就労を求めることが難しい者にたいして、段階的に、中間的な就労の場や社会参加の場を設けることが必要である」と述べ、中間的就労は「一般就労に向けた支援付き訓練の場」であるとともに、対象者によっては「就労のみならず社会参加の場として活用されることもありうる」として、「就労」に社会参加という意味があることを示した。

このように生活困窮者自立支援制度では、就労支援が直ちに一般就労に結びつくとは限らず、就労に向けたプロセスを重視した考え方に立っており、その目的は、労働市場での一般就労による経済的自立にとどまらない広がりをもっているのである。

一方、同報告書には「就労可能と考えられる生活保護受給者が急増する中で、平成二三年度から従来の地方自治体と連携した事業を拡充し、新たに『福祉から就労』支援事業として、ハローワーク・地方自治体間の協定等によりその連携基盤を強化し、よりきめ細かい就労支援を展開しており、その実績が大幅に伸長」したという認識に立ち、「就労支援の対象者を広く生活困窮者に拡充することにより、稼働可能な者の就労促進を図るとともに、これらの層が新たに生活保護の対象とならないよう未然に防止することにつながる」という記述もあり、就労支援の目的が経済的自立＝脱・生活保護にあるという考え方も示している。この点では、生活困窮者自立支援制度における就労支援は、経済的自立を目指す考え方と社会参加などの多様な意義を重視する考え方が並列されているともいえる。

4　就労支援の対象者と支援の取り組み

(1) 多様な生活課題を抱える就労困難者

どのような人々が生活困窮者自立支援制度で就労支援を受けるのだろうか。生活困窮者自立支援モデル事業の時期ではあるが、筆者らによる聞き取り調査で把握できた支援の事例をみておきたい。

事例1　安定した住居の確保が必要な事例

被支援者のAさん（男性）はもともと生活基盤が脆弱であり、とくに自宅が老朽化していて危険なため自家用車で生活していた。仕事をいくつか経験していたが、仕事が続かない中で入院も経験した。社会福祉協議会（以下、社協）の紹介で旅館の住み込み仕事に就いたが続かず、その後は別の会社で住み込みで働いている。

この事例には、安定した住居がないという大きな問題があり、就労だけで問題は解決しない。住み込み仕事によって、ともかくも住居と仕事を得たとはいえ、住居が安定したとはいえない。就労支援は就労先を見つけることだけではすまない。他の生活課題と合わせた解決が必要であることを示している。

事例2　ひきこもりの若者への支援の事例

Bさん（男性）は大学卒業後、大手メーカーの地元の工場に入社したが、退職し、2年以上ひきこもりの状態にあった。その間に就職活動はせず、経済的にも日常生活上も、父親にすべてを頼っていた。しかし、父親が死亡したため社協に相談があった。Bさんには母と祖母がいるが、現在は一人暮らしである。Bさんは収入がなく、父の預金を取り崩して暮らしているという状態であった。近所づきあいはない。

Bさんには、まず自分で生活できるようにすることが重要であり、生活リズムをつくることや体力をつけることが必要であった。また、日常生活で必要な多くのことについて支援が求められた。社協の支援により、就労準備として農業などいくつかの仕事を経験した。次第に生活リズムができてきたこと、几帳面な性格で仕事は丁寧であるため、食品メーカーの協力でアルバイトの仕事に就いた。コミュニケーションに難はあるが、勤務の姿勢などは評価されている。

これは、ひきこもりの若者にたいする就労支援である。アルバイトではあっても一般就労につながった点で、就労支援の成果が挙がった例である。しかし、短時間勤務のアルバイトで生活できるわけではない。また、日常生活・社会生活の自立も必要である。この事例では、調査時点では安定した生活には至っておらず、就労は必ずしも生活の「自立」ではないし、経済的自立が容易ではないこともわかる。

事例3　本人・家族の双方に課題がある世帯への支援の事例

最初、娘の就職について母親のCさんから社協へ相談があった。しかし、相談者のCさんも仕事がなく、ひきこもりの傾向があった。Cさんはシングルマザーであり、自分の両親、子ども二人の五人で生活していた。Cさんに勤労収入はなく、家族は両親の年金に頼った生活を送っており、近所ともトラブルがあった。この世帯の課題は多面的で、多様な支援が求められたが、娘のDさんについては、就労準備として社協の運営する施設で仕事を体験した後、別の所に就職したが、二日で退職した。

この事例では、Dさんの就職の問題以前に、家庭に多くの生活課題があり、まずそれらの解決が求められた。支援の対象や内容は、必ずしも相談内容＝主訴だけとは限らない。就労支援は、その他生活面での支援と切り離せない状況であった。

一方、就労支援の対象であるDさんは、就労への意欲が高く、希望する仕事もあったが、実際に働くことができるかどうかは別問題である。課題は、就労意欲を維持しながら、コミュニケーションや仕事の能力を高め、適切な就労受け入れ先を確保することである。そこでの就労は、短時間勤務のパートタイムなど、本人の体力などに適した働き方が求められる。こうした中では、就労が安定した所得につながるわけではないことも考える必要がある。

いずれの事例も、就労への意欲は認められるが、日常生活やコミュニケーションに困難がある点では共通している。また、就労経験が乏しかったり、不就労の期間が長かったりして、就労するには距離がある人たちでもある。事業を受託した社協のスタッフは、こうした人たちの日常生活を立て直すとともに、仕事を体験させ、仕事に慣れることを通じて就労に結びつけようとしている。しかし、体力や健康などの問題があって、たとえば一日八時間、週五日の一般就労は、かなりハードルが高い。徐々に体力をつけ、職場に慣れさせること、そして雇用主の理解を得られるように就労支援を行っている。

（2）就労支援の取り組み事例

こうした支援の対象者にたいして、どのような就労支援の取り組みを行うかは、日本の場合、生活困窮者自立支援制度の内・外を問わず、支援団体によって多様である。ここでは、制度的な枠組みにかかわらず、筆者が調査した取り組みの事例を挙げておく。

地方公共団体の就労支援の取り組みとして知られているのは釧路市の「自立支援プログラム」である。これは生活保護受給者を対象にした外部委託型の就労支援である。釧路市はこのプログラムについて「これまでの経済的な自立を目的とした就労支援だけではなく、日常生活上の課題の解消や社会との繋がりを回復し地域社会の一員として生活していくための支援などが必要となっているため、受給者個々の状況に応じたプログラムを実施し、自立の促進を図ることを目的」としており、「一般就労に向けインターンシップ事業や目的意識を持った求職活動など」とともに「中間的就労や有償・無償のボランティア活動を行い、受給者の自尊感情の回復や居場所づくり」に取り組むと述べている（釧路市自立支援プログラムの実施状況）。これは、対象者それぞれのニーズや生活実態に応じた多面的、段階的な自立支援プログラムであり、多様な「自立」のあり方を提示しているところに特徴がある。その一方、就労や職業能力の修得に結びつかないことや「自立」の多義性によって、支援の目標がみえにくいといった限界も指摘される。

一方、新潟県のふれあい生協新潟が運営する就労支援団体「きまま舎」の事例がある（阿部 二〇一八）。ここは、もともと独自に若者の就労支援に取り組んできたが、二〇一五年に障害者就労継続支援B型事業所として再出発した。そして、知的障害者、精神障害者などを中心とした利用者がスタッフとともに仕事に従事するとともに、様々な相談や居場所としての役割を担っている。就労機会は事業の受託を通じてつくり出しており、被支援者の実情に応じてコーヒーデリバリー、弁当販売など多様な仕事を提供しているが、中心は高齢者施設などの清掃業務である。作業は、一チーム数人の支援対象者に一～二人のスタッフがリーダーとしてつき、分業をして清掃を行っている。スタッフは利用者の経験や能力に応じて作業を適切に配分しているが、体力や体調管理の問題などがあるという。また、コミュニケーションに困難を抱える人も多く、利用者の中には清掃に参加できない人などもいる。これにたいして、利用者それぞれの課題に合わせた多様な対応をしており、本人の状態に合わせた多様な作業を用意するとともに、相談や会話・居場所としての機能ももっている。

他方、栃木県若者支援機構は、フリースクール、学習支援、ひきこもりへの対応など困難を抱える子どもや若者を支援する多様な活動に取り組んでおり、入口である相談から出口の就労等の自立までを一貫して支援することを目指している。ここの就労支援部門である「しごとや」は、民間企業や農家などから一件一日二万円で業務を請負い、訓練生三人とジョブトレーナー一人が一組となって仕事をし、就労体験・訓練することを特色としている（阿部 二〇一八：中野 二〇一七）。具体的な仕事としては、中古車販売センターでの中古車の清掃作業、製品の輸送用の段ボールの組み立てなどがある。外部からの業務を受託することで、支援団体の人件費・管理費等を捻出するとともに、訓練生にたいしては、仕事をする上での経費として一日二〇〇〇円の報奨金を支給している。ここの就労支援は、職業能力を高めて一般就労につなげることを目標にした中間的就労と位置づける非雇用型であり、経験を積むことを重視している。ただ、一般就労につなげることは容易ではないという。

5　就労支援の課題

(1)　並列される就労支援制度

これら就労支援団体の取り組み事例をみると、就労支援のあり方が多様であることがわかる。まず、就労支援事業の運営主体の点では、行政である場合と民間のＮＰＯなどの場合がある。生活困窮者自立支援制度では、事業の実施主体は基本的には基礎自治体であるが、実際のサービス提供は民間に委託するケースが多い。サービスの供給主体が官民のいずれであるかは重要な問題ではないが、外部委託によって事業に責任をもつ地方公共団体に就労支援のニーズの把握や取り組みの経験が蓄積されないと政策の展開や運用などが硬直的になるおそれがある。

次に、就労支援の制度的枠組については、障害者総合支援法による就労系サービス、生活困窮者自立支援制度の下の事業、生活保護の自立支援プログラムなど多様なものがある。また、「しごとや」のように、こうした制度の枠組みの外側で民間独自の取り組みもある。就労に困難を抱える人々にたいする「就労支援」という点では共通しているにもかかわらず、国の制度は対象者の属性ごとに異なる事業とされ、多くの制度が並列されてきた。

一つの例として障害者への就労支援を取り上げると、就労支援のニーズは「障害者」だけにあるわけではないにもかかわらず、国の仕組みが「障害者福祉」という枠組みの内と外で異なっている。実際、就労系の障害者福祉サービスでは、基本的には障害の認定を受けている者がサービスの対象となる(3)。就労に困難を抱えるという点に共通した課題があることを考えると、障害の有無によって支援サービスを区別することは意味がない。

本章で取り上げた事例をみても、就労困難の理由は多様である。被支援者には障害、あるいはグレーゾーンにある者も少なくないが、障害の有無にかかわらず、住居、健康状態・体力、家族の問題、日常生活の管理など、様々な生活課題を抱えている。したがって、彼らへの支援は、個々の課題、ニードに対応して多様にならざるを得ないのであり、ニードをふまえた包括的で、柔軟な制度が求められる。しかし、従来から国の就労支援の仕組みは、障害者の就労支援、生活保護世帯への就労支援など、基本的に対象別にできており、支援の対象を限定した上で支援する体制となっている。

これにたいして二〇〇〇年代に入ると、地域若者サポートステーションや生活困窮者自立支援法など、就労困難という新たな問題認識に立った間口の広い就労支援の枠組みがつくられるようになったことは注目される。しかし、その結果、障害者の就労支援、生活保護受給者にたいする就労支援といったように、対象者ごとの就労支援と新たな幅広い就労支援とが並列されることになっている。特に生活保護と生活困窮者自立支援制度の対象は一部で重なり合っているにもかかわらず、就労支援は制度的には並列されている。

(2) 未確立な支援方法

一方、就労支援の方法として、雇用型と非雇用(訓練)型があるといわれるが、別の観点からみれば、就労支援組織が自ら仕事をつくり出し、そこを就労訓練の場とするケース、民間の企業等に職場体験、訓練などを委託して一般就労に向けた支援をするケース、さらに民間の仕事を受託し、そこで支援組織が主体的に訓練を行うケースなどがあり、取り組み団体によって多様である。大きく分けると、ＮＰＯ等の就労支援団体が直接に就労機会を作り出す「就労創出型」と一般企業や社会的企業など他の団体に委託し、そこで就労体験を積む「外部委託型」がある。前者の場合には、現場での支援は支援スタッフが担うことになるが、後者の場合は、現場の支援を受け入れ側のスタッフが行うケースと支援スタッフが現場で行うケースがある。「就労創出型」は、仕事づくりが容易でないが、「外部委託型」には委託先をみつける難しさがある。

就労支援においては、段階的な支援が必要であることへの認識は共通している。社会保障審議会特別部会の報告書でも、「それぞれの生活困窮者の状態により、いくつかの段階を経る必要」があると述べている。具体的にも、栃木県のしごとやは、就労支援の取り組みを一般就労に至る前の段階の「中間的就労」と位置づけ、説明会、職場見学から始まり、就労体験→職場体験→就労支援という段階的な支援を行っている。被支援者は、すでにみたように、様々な生活課題を抱え、また、対人関係・コミュニケーションの難しさ、体力・体調などの問題があることが多い中で、支援にあたっては、生活課題を含めた幅広い支援とともに、アセスメントに基づく段階的な支援という視点が重要である。

さて、こうした支援の基本的な考え方については、就労支援を行っている団体である程度共通しているが、具体的な支援の内容や方法は、団体によって異なっている。生活困窮者自立支援制度の就労準備支援事業は、外部団体への委託によって実施されることが多く、具体的取り組み内容や評価方法などは実際に事業を担う受託団体に委ねられる傾向にある。そうした中で、各団体が支援方法を模索した結果、支援のやり方がそれぞれ異なることになった。

支援のプログラムには、座学の研修会・講習、就職活動の支援や就労体験などがあるが、その内容は多様であり、支援対象に即して、段階ごとにどのような支援が必要なのかは明確になっていない。つまり、就労支援の取り組みはシステム化されていないといえる。確かに、被支援者の状況、生活課題やニードが多様であることを考えると、就労支援プログラムには柔軟性が求められる。しかし、支援団体ごとに支援の方法が異なっているのでは、サービスの質が十分に担保されないおそれがある。

また、就労支援では、被支援者の状態に応じた支援を行うために、定期的なアセスメントを通じて対象者の変化をみることは重要である。特に就労支援の多様な目標を考えれば、評価は、就労の可能性の大きさといった一元的な基準ではなく、対象者の状態の変化や課題をきめ細かく把握できるものである必要がある。しかし、アセスメントをどのように行うか、評価の基準や方法は必ずしも確立していない。

これまでは各地方公共団体や民間団体などが独自に就労支援を追求しており、制度化が進まなかったが、生活困窮者自立支援法によって就労支援が国の政策となったことを考えると、就労支援の方法や評価基準など、支援する上で基本となる点についてシステム化が求められている。その点では、従来から支援に取り組んできた現場の経験をふまえてシステム化を進めることが重要といえよう。これは、本書全体に共通したテーマでもあるソーシャルワークと福祉政策の架橋が求められる実例ともいえる。ソーシャルワークの現場にとって政策は所与のものではなく、国や地方公共団体の政策立案過程とソーシャルワークの現場とが、相互の会話を通じてニーズに対応したサービス提供体制を実現することが求められる。

(3) 就労支援の難しさ

就労支援を行っても、実際に一般労働市場における雇用に結びつくとは限らない。就労支援に携わるスタッフが共通して言及するのはこの点であり、しごとやのジョブトレーナーによると、就労支援で仕事ができる者でも、必ずしも一般の就労機会に就けるわけではないという。ジョブトレーナーは、この点を「就労と仕事は違う」と表現している。就労支援で困難な点について、就労支援スタッフの多くが指摘するのは、対象者の体力や体調管理、日常生活のリズム、そしてコミュニケーションであって、仕事の技能や知識ではない。言い換えれば、技能や知識は教育や職業訓練などで修得できるが、体力や日常生活の管理、コミュニケーションは修得が難しい。そこに就労支援の困難さがある。

就労支援は、もともと就労に困難や問題を抱える人々を就労に結びつけようというものであるので、本質的に困難を伴っている。「雇用政策」の考え方では、働く人の能力を向上させ、エンプロイアビリティを高めることで就労機会を得ることが目指される。しかし、就労困難者は体力や日常生活の管理、コミュニケーションなど、職業能力に直接関わらないところにも課題がある。したがって、就労支援では、一般的な雇用対策ではない、新たな支援のあり方を考える必要がある。この点では前述したように、就労支援の政策は、雇用政策とは目的や役割が異なっているのである。

一方、就労を困難にしている多様な要因を抱える人にとって、そもそも就労機会が乏しいことも問題である。健康状態や体力に合わせた柔軟な働き方、コミュニケーションの困難な人たちを受け入れるところは限られている。市場競争の中にある企業にとって、就労困難者の受け入れは負担であり、障害者の雇用や就労訓練に理解や熱意のある一部の企業などを別にすれば、多くの企業は消極的である。社会的企業などによる訓練の場や雇用機会の創出は、重要な課題である。

同時に、就労支援によって就職できたとしても、実際には非正規の仕事に就くことが多い。就労困難者は、健康状態や体力・集中力などに問題を抱え、必ずしも勤労意欲が低くなくとも、体力的に長時間働くことが困難であったりする。別の言い方をすれば、フルタイムでなく、短時間勤務や就業日数を調整すれば、働ける可能性が広がるケースも少なくない。こうした中では、就労支援の出口として短時間の就労や柔軟な働き方を考えることも重要である。実際に就労支援の現場では、短時間就労から始めて就労日数や時間を次第に長くする、次第に体力を必要とする仕事をするといった工夫も行われている。

しかし、非正規雇用では、生活するのに必要な所得が得られない。短時間・不定期の就労機会は低賃金労働のことが多く、就労が必ずしも経済的自立を支える所得に結びつかない。この点にたいする批判も少なくない。しかし、フルタイムの働き方では体力・生活面で就労が困難な者にとって、柔軟な働き方を用意することは否定されるべきではない。短時間就労、非正規雇用であってもディーセントな働き方が重要であることはいうまでもないが、障害者の就労支援でもいわれるように、就労困難者に適した働き方を工夫することも重要である。

6　社会的労働と就労支援の意義

(1) 就労支援の目標をめぐる議論

就労支援をめぐっては、その目標を一般就労による「経済的自立」に置く考え方と就労を社会参加の場と捉え、社会的包摂を目指す考え方の二つの考え方がある。たとえば、地域若者サポートステーション事業の今後の在り方に関する検討会の報告書（二〇一三）では、「ニート等の労働市場に入っていけない若者を、『働けるような若者』にし、ハローワークへの橋渡しをすることは雇用対策として重要である」と述べ、就労に困難を抱える人々の支援について、一般就労やキャリア形成に結びつけて考えている。これは就労困難という問題の所在を的確に捉えていない。これにたいして、前述した社会保障審議会特別部会報告書のように、就労支援の目標を必ずしも一般就労に結びつけない考え方も広がっている。

朝日・布川編著（二〇一三：一四―一八）は、就労支援の意義について、何らかの原因によって憲法が規定する勤労の義務と権利が達成できず就労の機会から排除されている人々を対象に勤労をすべての希望する人が実現するためのものとして、諸権利の回復・擁護を強調している。また、同書は、就労支援を求人・求職のマッチングとして捉えるのではなく、「就労」という行為は、対象者の生活の一部であり、生活支援と切り離せないことを指摘している。諸権利の回復・擁護という観点に立てば、経済的自立が就労支援の唯一の目標ではないといえる。

もっとも、一般に就労困難者、特に生活困窮にある人にとって、差し迫った問題は「生活」であり、そのための所得であろう。本章でみた事例でも、いずれの場合でも生活＝所得のために就労することが迫られており、支援者にはそうした就労ニーズへの対応が求められている。就労支援を受ける人にとって、経済的自立は切実な目標であり、就労支援の現場でも、一般就労により生活できるようにすることが目標とされることは多い。

しかし、問題はその先にある。就労支援によって一般就労ができれば問題ないが、就労の困難な人々の中には、すでに指摘したように一般労働市場の就労に結びつくことが困難な人々が少なくない。しかも、就労できても、その多くは非正規雇用などであって、所得は低い。その点では、一般就労による経済的自立は望ましいかもしれないが、実際には生活できるだけの所得に結びつく就労につくことができるとは限らない。そうであれば、一般就労に結びつかない就労支援は意味がないのだろうか。

この点では、労働の多面的な意味を考える必要がある。一つは、安定した生活の確保＝経済的自立であるが、それ以外に就労・協働によって社会との関わりをもつことや社会的承認、自尊感情などの観点からも重要な意味があることが指摘されてきた（筒井・櫻井・本田編著 二〇一四：阿部 二〇一〇）。生活困窮者自立支援法の就労支援は、そうした考え方を重視している。結局、就労支援の目的は、経済的自立か、社会参加か、どちらか一方にあるわけではなく、経済的自立を目標にしていても、それが困難な場合には社会参加としての意義も考える必要があるといえる。

（２）社会の中の労働と就労支援

本来、人のもつ労働能力は多様であり、人は社会の中で様々なかたちで労働に携わる。すべての労働は社会的分業の一環であり、個々人の労働はそうした構造の中に位置づけられる。金融、ＩＴビジネス、農林業、モノづくり、また、清掃やサービスの仕事をする者もいて、それらが全体としての人間労働を構成している。個々人は社会的分業の中で働き、市場社会ではその労働の対価で生活することとされている。就労支援の目的は、心身や生活などに様々な問題を抱えて就労に躊躇したり、労働能力を十分に発揮できない人々にたいして、「働くこと」、すなわち多面的な意味をもつ「労働の世界」に参加することを支援することにあると考えられる。

現在失業中あるいは無業でも、エンプロイアビリティが相対的に高く、労働市場での就労に近い人たちにたいしては、職業カウンセリングや職業訓練など一般的な雇用政策で対応できる。しかし、就労支援で主として対象となるのは、労働市場での一般的な雇用に就くには様々な点で困難を抱える、困難度の高い人々である。長い間就労経験がなく、体力が十分でない人、ひきこもっていたり、障害やコミュニケーションに問題を抱えている人、体調や日常生活の管理がうまくできない人などである。こうした人々にたいしては、労働市場での一般的な雇用機会、標準的な働き方でなくとも、多様なかたちで「労働への参加」を支援することが必要となる。先に指摘した「就労準備支援事業の手引き」は、この点で雇用政策の枠組みになじまない人々にたいする支援の重要性を指摘している。

そうした就労は、市場原理で労働の成果が評価される市場社会においては、生活の自立につながるような所得を得ることは難しい。しかし、労働市場で評価される「標準的な働き方」でなくても働くこと自体に意味がある。こうした働き方の多様性はグラデーションのように捉えることができる。すなわち、ボランティア的な働き方や自らの能力を活かすことから規則的で組織的な働き方へ、あるいは週当たり数時間の就労からフルタイムまで、グラデーションのように多様な働き方が考えられる。就労支援は、そうした働き方の多様さに対応した、柔軟なものである必要があろう。

社会保障審議会特別部会報告書では、中間的就労について「就労のみならず社会参加の場として活用」できるとして、一般労働市場で働くこと以外にも「就労」のあり方があると述べている。この指摘は重要であるが、「中間的就労」が、就労に至る「段階」でなく、「就労」の一つの姿であるということであれば、中間的就労と一般就労を区別する必要はなく、働き方の多様性を連続的に捉えることができる。

一方、こうした考え方には、多くの反論が予想される。すなわち、就労困難者の生活、特に所得の問題である。就労困難者が働いても、得られる労働の対価で生活できないことが多いことは確かである。市場社会においては、労働の対価としての賃金は市場で決まる。したがって、短時間・不規則な就労や市場の評価の低い労働では、自立した生活を可能にするような賃金を得ることは難しい。これにたいしては社会的な対応、すなわち社会で支える福祉給付が必要となる。労働から十分な所得が得られなければ、生活の安定のために社会的に補完することは福祉社会の原則であり、それが実現するような制度設計が必要となる。

この点に関連して、筒井・櫻井・本田編著（二〇一四：八－一〇）は、「半福祉・半就労」の生き方の重要性を主張する。「半福祉・半就労」は、「就労を通じた自立」か、「福祉給付」かという二分法へのアンチテーゼである。本人の能力に応じた就労を行いつつも、それでは生活できない部分を福祉給付で対応する考え方は、福祉社会の新たなビジョンといえよう。

どのような労働であっても、それが社会的分業の中で行われる人間労働であるということが重要であり、賃金は市場の影響を受けるが、就労支援にあっては、市場で商品化された「雇用」と認められずとも、「多様な働き方」を追求することが重要である。この点では、一般就労と福祉的就労を区別する二分法ではなく、あらゆる労働を社会的な労働の一環と位置づける視点が求められる。

一九九〇年代以降の労働市場の構造変化下で、若者を中心にして就業困難者の問題が顕在化したのにたいして、地方公共団体や民間ＮＰＯなどが先行して就労支援が行われるようになった。二〇一五年に生活困窮者自立支援法が成立して以降、就労支援は新たな広がりをみせている。

日本では、失業や無業にたいする就労の支援は、従来は主に労働市場で働くことを目指す雇用政策の中で進められてきたが、就労支援では、こうした雇用政策になじまない人々の存在を認識し、就労に向けて生活課題の解決をはかるなど段階的な支援が進められてきた。もともと就労支援は、現場での問題認識に根ざしたもので、それが政策形成に大きく影響したといえる。しかし、国の就労支援制度は、基本的理念や事業の枠組みの提示にとどまり、具体的な支援方法のシステムは確立されていない。ソーシャルワークの現場での経験を活かして、アセスメントに基づく柔軟な支援のシステムをつくることが課題として残っている。

その一方、就労支援では一般就労による経済的自立が重視されることが少なくない。確かに就労による経済的自立は望ましいかもしれないが、実際に多くの困難を抱えている者にとって、就労支援を受けても経済的自立に結びつくような就労は難しい。しかし、社会参加など働くことの多面的な意味を考えれば、働くこと自体に大きな意味があり、一般就労が難しいとしても、就労支援政策には大きな意義がある。

また、就労支援によって就労できたとしても、経済的自立につながるわけではない。就労支援と合わせて、就労による収入では不十分な所得を保障する仕組みが組合わされなければ、就業困難者にたいする就労支援としては、十分機能しない。就労支援と所得保障とは相互補完の関係にあり、両者を組み合わせた政策が重要といえる。

注

（1）就労準備支援事業は任意事業のため、実施している地方公共団体は四三五、四八％にとどまっている（平成三〇年度生活困窮者自立支援制度の実施状況調査集計結果）。
（2）就労支援を受ける者は、無業者だけではなく、短時間のアルバイトをしている者もいる。
（3）就労支援団体の中には、障害者の就労支援の枠組みを使って多様な人々を支援するケースもある。

参考文献

朝日雅也・布川日佐史編著（二〇一三）『就労支援　第2版』（MINERVA社会福祉士養成テキストブック⑯）ミネルヴァ書房。
阿部誠（二〇一一）「雇用構造の変化の下における社会政策と就業」『大分大学経済論集』六三(三)、一-四〇頁。
阿部誠（二〇一六）「若者就業問題の多様性と社会的包摂にむけた政策の課題」『日本労働社会学会年報』二六、七一-九七頁。

阿部誠（二〇一八）「就労困難者にたいする就労支援が果たす役割と困難——就労支援団体の取り組み事例を通じて考える」『大分大学経済論集』七〇（三・四）合併号、五五-八五頁。

阿部誠（二〇二〇）「就労困難者にたいする就労支援の意義と社会的包摂」『大分大学経済論集』七一（六）、一-二五頁。

石井まこと・宮本みち子・阿部誠編（二〇一七）『地方に生きる若者たち——インタビューからみえてくる仕事・結婚・暮らしの未来』旬報社。

釧路市「釧路市自立支援プログラムの実施状況」（https://www.city.kushiro.lg.jp/kenfuku/fukushi/seikatsuhogo/0005.html　二〇二〇年五月三〇日アクセス）。

玄田有史・曲沼美恵（二〇〇四）『ニート——フリーターでもなく失業者でもなく』幻冬舎。

厚生労働省「生活困窮者自立支援制度の紹介」（https://www.mhlw.go.jp/stf/seisakunitsuite/bunya/0000059382.html　二〇二〇年五月三〇日アクセス）。

厚生労働省「就労準備事業の手引き」（https://www.mhlw.go.jp/content/000520648.pdf　二〇二〇年五月三〇日アクセス）。

小杉礼子編（二〇〇五）『フリーターとニート』勁草書房。

社会保障審議会福祉部会生活保護制度の在り方に関する専門委員会（二〇〇四）「生活保護制度の在り方に関する専門委員会報告書」。

社会保障審議会生活困窮者の生活支援の在り方に関する特別部会（二〇一三）「社会保障審議会生活困窮者の生活支援の在り方に関する特別部会報告書」。

地域若者サポートステーション事業の今後の在り方に関する検討会（二〇一三）「地域若者サポートステーション事業の今後の在り方に関する検討会報告書」（https://www.mhlw.go.jp/stf/houdou/2r98520000002vrahatt/2r9852000002vrc7.pdf　二〇二〇年一一月四日アクセス）。

筒井美紀・櫻井純理・本田由紀編著（二〇一四）『就労支援を問い直す――自治体と地域の取り組み』勁草書房。

中野謙作（二〇一七）「栃木県における総合的な若者支援」『福祉社会科学』八、一三―二五頁。

濱口桂一郎（二〇一三）『若者と労働――「入社」の仕組みから解きほぐす』中公新書クラレ。

福原宏幸（二〇〇七）「就職困難者問題と地域就労支援事業」埋橋孝文編著『ワークフェア――排除から包摂へ？』（シリーズ・新しい社会政策の課題と挑戦②）法律文化社、二一七―二四四頁。

労働政策審議会職業能力開発分科会（二〇〇一）「エンプロイアビリティの判断基準等に関する調査研究報告書概要」（https://www.mhlw.go.jp/houdou/0107/h0712-2.html　二〇二〇年一一月四日アクセス）。


（阿部　誠）

第3章　住居確保と生活支援
——「新しい」居住支援のための視座

近年、日本においても、生活困窮者自立支援や精神障害者支援を中心に、「ハウジングファースト」の理念が広まりつつある。ハウジングファーストとは、「生活への支援においては、まず安心できる住まいを得られるよう支援することから始めるべきである」という理念であり、それに基づく実践でもある。そもそもはアメリカで始まった取り組みであるが、日本においてもようやく住まいの重要性が認識されはじめてきたものと考えられる。ホームレスの状態にある人や障害者など、生活への支援を要する人々が第一に必要としているものは、安定した住まいである。そのため、生活上の様々な困難は、まず安定した住居が得られてから一つずつ対処されるべきものであろう。

本章では、「住まいは福祉の基盤である」という観点から、日本のこれまでの住宅政策を振り返るとともに、生活困窮者への居住支援の意義について考える。

1　住宅政策と福祉政策

（1）日本の住宅政策

日本の住宅政策は、いつ頃から始まったのか。住宅政策の歴史については、大本（一九九一）がその流れについて端的にまとめている。以下、大本の論考を参照しながら提示したい。

戦時下においても、労働力の確保のために住宅の整備は行われていたが、住宅政策が本格的に開始されたのは戦後のことである。敗戦後、住宅の不足は深刻の度合いを極め、復興における住戸の建設は喫緊の課題であった。国は住宅難の解消に向け、三〇万戸の公共住宅の建設を目指したが、結果として建設は四万三〇〇〇戸にとどまり、国民の住宅難の解消は遅々として進まない状況であった。その原因としては、まず、占領軍として駐留していたアメリカ兵などの宿舎の建設を優先せざるを得ないという敗戦国の事情がある。次に、この時期に国が最も力を入れていたのは「生産力拡充政策」であったことである。限られた資金と資材は、一般国民の住宅建設ではなく、開拓入植のための住宅や産業労働者のための住宅建設にあてられた。

また、同時期に、その後の日本の住宅政策に影響を及ぼし続ける重大な決定がなされる。戦前、住宅政策及び住宅行政は厚生省（現・厚生労働省）が担ってきたが、一九四六年からは建設省（現・国土交通省）の管轄として進められることになったのである。もしも、現在も住宅政策と住宅行政を厚生労働省が担っていたならば、住宅政策と福祉政策を一体的に進めることは可能になったかもしれない。少なくとも、住宅政策に福祉の視点が取り入れられる余地はあったであろう。住宅政策と福祉政策の乖離は、この時点から始まったものと考えられる。

(2) 住戸不足を補うための「持ち家政策」

戦後、公営住宅の整備が進められていくことになるが、やはりその供給量には限界があり、さらに公営住宅の対象は低所得者層に限られていたため、一般国民の住宅難は依然として解消されない状態が続いた。それを解消することを目的として、一九五〇年には日本公団住宅法が制定され、そこには一般勤労世帯の居住の保障が明記された。

その後、住宅政策は、「住宅金融公庫」「公営住宅」「住宅公団」を三本柱として進められていくことになるが、この政策には二つの課題があった。一つ目は、当時の住宅不足を解消するために、「一戸でも多く建設すべし」とする戸数主義が取られたことである。二つ目は、住宅供給が住宅の所有と経済階層との組み合わせによって進められたことである。つまり、中・高所得者層は持ち家政策による住宅の確保、低所得者層は借家というかたちでの住宅確保という一連の流れがこの時期に作り上げられたのである。現代に至るまで続く、定年まで、さらには定年を超えての住宅ローンを利用した持ち家取得のサイクルは、このような流れの中で誕生した。

(3) 住宅政策と福祉政策の乖離

前述した住宅政策の流れの中では、社会福祉の観点は希薄である。戦後進められてきた住宅政策は、標準的なライフコースに適応する人を想定したものであり、その枠内に入らない人々への支援は考慮されてこなかった。障害者は、地域から離れた大規模な収容施設において、専門的な処遇を行うという名目により、人里離れた場所で集団生活を送ることを余儀なくされてきた。特に精神障害者については、精神科専門の病院を増設し、収容医療を行うことが施策の中心であった。そこには、人が生活するにふさわしい「住まい」を整備するという発想は皆無であった。

これまで、日本の住宅政策に基づいた住宅確保のための支援を受けようとすると、標準的なライフコースに乗ることが前提条件となっていた。しかし、住まいの確保を必要とする人々の多くは、標準的なライフコースから外れた人々であり、それは現在においても同様である。生活支援の観点からすると、このような標準的なライフコースから外れた人々こそ支援の必要性が高い可能性がある。住宅確保の支援と生活支援とが切り離して提供されているため、住宅確保後の生活への支援が提供されないという事例も少なくない。居住支援及びそこに定住するための生活支援を一体的に提供する仕組みがあれば、住宅を確保することと確保した住宅に定着するための支援とが切り離されることなく、連続性をもって展開することが可能となるものと考えられる。

このような日本の住宅政策は、諸外国との比較において異彩を放つ。北欧等のいわゆる福祉先進国では、住宅政策は社会福祉、社会保障の軸となるものとして位置づけられている。現在では、住生活基本計画[1]や住宅セーフティネット制度[2]による住宅政策が進められているものの、依然として住宅を必要とする人々に支援は行き届いていない。住まいへの支援を要する人々への居住支援、生活支援は手薄い状態である。公的住宅の保障あるいは社会的再分配というかたちでの住宅政策では、支援としてはきわめて脆弱であると言わざるを得ない。

2　福祉の基盤となる「住まい」

(1)　福祉の基盤となる住居

一般的に、「福祉」と聞くと、どのようなものを思い浮かべるだろうか。「思いやり」「優しさ」「助け合い」などの言葉やそれらに付随するイメージが浮かぶ人もいれば、「年金」「生活保護」や「高齢者施設」「障害者施設」「児童施設」などのサービスや制度、施設を思い浮かべる人も少なくないだろう。これが北欧になると様相は変わり、北欧では多くの人は福祉と聞くと、まず「住居」を思い浮かべることが多い。前述したように、北欧等の福祉先進国では住宅政策が社会福祉の基礎となっている。

それらの国々では、「福祉は住居に始まり住居に終わる」と考えられており、「福祉の基盤は住まいである」との認識が定着している。

これまでの日本の社会福祉は、福祉サービスなどを整備することによる福祉の充実を目指してきた。また、教育現場における福祉教育などでは、「福祉とは他者への思いやりの心である」などと教えられてきた。これらは間違いではないものの、保険医療や社会保障、障害者や高齢者への福祉サービスは、広い意味で捉えるとすべて「消費されるもの」であるため、その都度、時代に即した整備を要するものである。また、「他者への思いやりの心」などは、人として社会の中で生きる上で当たり前に必要なものであり、なにも福祉に限ったことではない。

一方、安心できる住居やまち、社会環境などはその都度に消費されるものではない。本来、社会福祉の推進のためには、フローもストックも、どちらも整備を進めていく必要がある。しかし、日本の社会福祉、中でも在宅サービスにおいては、住居はすでに整備されているという前提の下で政策が進められてきた。そのため、現在の日本の社会状況をみると、住居やまち、社会環境自体が人々の生活を支えるという機能を有していない。個々の課題に応じたサービスや制度は存在しても、課題を深刻化させない、課題が生じる前にそもそもの課題をつくらない、という「事前予防型」の福祉政策にはなっていないのである。

（2）居住の保障――「居住福祉」の観点から

居住福祉は、居住学のように、居住環境や生活領域に限定されるものではない。また、従来の社会福祉のように、何か問題が起こってから事後的に対応するという性質のものでもない。居住福祉は、「住まい」を中心として、居住学が対象とする居住環境や生活領域、社会福祉や社会保障が対象とする制度や政策に加え、健康、安全、幸福などを含む人の生活のすべての面において基盤となる概念である。

元日本居住福祉学会会長の早川和男は、「人間に値する生き方は、人間にふさわしい住居がなければ不可能である」（早川 一九九七：一六二）と指摘し、日本国憲法第二五条と居住福祉との関係について言及している。ここで、憲法第二五条を示しておく。

第二五条　すべて国民は、健康で文化的な最低限度の生活を営む権利を有する。

②　国は、すべての生活部面について、社会福祉、社会保障及び公衆衛生の向上及び増進に努めなければならない。

憲法第二五条では、健康で文化的な生活の実現には、「すべての生活部面について、社会福祉、社会保障及び公衆衛生の向上及び増進」が必要であると指摘しているものと解釈できる。そして、早川は、「これらのすべては安全、快適で安心できる住居がなければ成り立たない」（早川 一九九七：一六三）と指摘する。つまり、人間にふさわしい居住の実現が福祉の基礎であり、まさに居住福祉の思想こそが福祉そのものなのである。

また木村も、法学者の見地から住まいの重要性について以下のように指摘する（木村 二〇一三：一六二－一六三）。

① 台風、雷、地震などの災害から身を守るには、堅固な住居が必要であるし、冬の冷気や夏の日差しを遮るものがなくては、我々は生きられない。いかなる住居に住むかは、比喩ではなく、現実に、人の生死に直結する重要な問題なのである。

② このように、住居は災害時の生死を左右し、日々の暮らしを通じて肉体的・精神的健康にまで影響を及ぼす。「福祉」の基礎は住居にあり、街や住宅は「福祉」の面での機能を充実させるように作らなければならない。

早川、木村の両者の指摘にみられるように、住まいは人が生活を営む上で基盤となるものである。住まいの本質は、単に「家」という物質的なものを意味するのではなく、「住まい＝生活」そのものであるといえる。つまり、住まいとは、目に見える構成要素の集合体ではなく、その空間において人が織りなす行為の受け皿としての役割を担い、さらに生活を営むための基盤となるものである。その住まいのあり方を福祉の観点から捉え、住まいそのものが福祉となるためにはどのような制度・政策、条件等が必要となるのかを追求していくことであり、居住福祉の観点は生活困窮者自立支援においても基盤となるものである。

3　理念を基盤とした居住支援

(1)　居住支援を担う専門職

居住への支援を展開するにあたり、日本では現在のところ特別な資格は必要とされていない。そのため、居住支援に特化した「専門職」は存在しない。専門職である以上、その支援の根底には理念がある。理念を基調とし、実践概念に基づき支援を展開するのが専門職である。そのように考えると、居住支援を行う「専門職」が存在しないことは、きわめて重大な問題である。

一方、人々の日常の生活を福祉的視点において支援する専門職は数多く存在する。たとえば、社会福祉士、精神保健福祉士、介護支援専門員などの相談援助を主とする専門職である。これらの専門職は、人々の生活全般について、「生活の視点」のもと支援を行う。本来であれば、生活全般への支援である以上、住まいへの支援も包含しているものと思われるが、入居支援から居住支援に至るまでの

「住まい」への支援を意図的、意識的に行っている専門職は少ないであろう。日本では、本来一体的に提供されるべき居住支援と生活支援とが分離された状態で提供されているため、生活支援の中に住まいへの支援の視点が含まれていないことは珍しくない。

ところで、隣接する韓国には「住居福祉士」という国家公認の民間資格を有する専門職が存在する。住居福祉士は、所定の教育課程を履修し、資格検定試験に合格した後に、住居福祉士の資格を取得した者である。住居福祉士の役割は、以下のとおりである（住居福祉士資格検定事業団HP、下線筆者）。

① 自身の力では住居問題を解決することが困難な世帯の居住の安定のために、福祉的な観点から居住を支援する。

② 住居分野において高度の専門知識を持ち、現場に適用できる実務経験をとおして、住居サービスにおけるデリバリーシステムのコーディネーターとして機能する。

これら二つの役割に基づき、住居福祉士の職務が規定されている（表3-1）。具体的には、支援対象者のアウトリーチや地域の実態調査、生活支援といったソーシャルワーク機能に基づく職務から、住宅の改装や賃貸住宅等の管理といった住宅関連分野の業務、さらにはコミュニティの活性化やそのための企画・管理といったコミュニティデザインの機能まで、広範かつ多岐に

表3-1　住居福祉士の職務一覧

1	地域の住居福祉実態調査及び分析
2	住居福祉対象者の掘り起こし（アウトリーチ）
3	住宅改造の支援サービスの提供
4	住宅状態の点検
5	居住問題に関する相談業務
6	住居福祉プログラムの相談業務，情報提供及び事例管理
7	公共賃貸住宅間の住居移動への支援
8	経済的に居住可能な賃貸住宅や家を探すための支援
9	居住弱者の住居生活への支援
10	官・民・公との住居福祉ネットワークの構築
11	住居福祉サービス支援のための外部資金の活用及び連携
12	コミュニティ活性化プログラムの企画及び管理
13	住居福祉関連の住民教育及び広報
14	公共住宅及び民間賃貸住宅の管理
15	住居福祉事業の企画・提案及び遂行と管理

わたる機能と役割が求められている。地域での住まいを支えるためには、これほどまでに幅広い専門性が求められるわけであるが、その中でも特に重要なものは、地域での生活を支えるためのソーシャルワーカーとしての視点と役割をもちながら、住まいへの支援を行うという点であろう。

住居福祉士の業務は多岐にわたり、その業務内容からは広範な知識が求められることがわかる。また、その役割は日本のソーシャルワーカーと類似する。日本のソーシャルワーカーにも幅広い知識と経験が求められるところであり、加えて専門性に基づき住まいへの支援を行うためには、分野横断的な知識が必要となる。日本においても住居福祉士のような、住まいの確保から地域生活までを一体的に提供することのできる専門職の設置が期待されているところである。

（2） 住まうことへの支援

Ａ氏は勤めていた会社の倒産によって生活困窮の状態となり、そのことが原因で家族との縁が切れてしまう。その後、身寄りのない状態となり路上生活を送る中で、体調が悪化し倒れていたところを入居支援センターのスタッフが発見し、アパート生活が始まる。入居支援センターのスタッフは、これでＡ氏も落ち着いて生活できると安心するが、Ａ氏には様々な葛藤があり安定したアパート生活を営むまでには多くの時間が必要だった（野村 二〇一三）。

「居住支援」＝「住居を確保するための支援」と認識されることがあるものの、住まいへの支援を必要とする人の中には、「住み続けるための支援」を必要とする場合も多い。本事例から、居住支援は継続的な支援であること、孤独感の解消なども必要な支援であることなどについての気づきを深めるとともに、支援者側の価値観や判断に基づき住まいを選ぶことの問題点についても考える材料として、以下、考察する。

① Ａ氏の生活歴

Ａ氏は中学卒業後、Ｅ県の製造業に集団就職した。その後、職場の上司の紹介により二〇歳で結婚、三人の子どもをもうけた。順調に生活を送っていた矢先、勤めていた製造業の会社が倒産してしまう。しばらくは、わずかな貯蓄を切り崩しながらＥ県内で製造業の仕事を探していた。しかし、Ｅ県内では仕事が見つからず、単身赴任をしながらＦ県での製造業の仕事に就くことになった。Ａ氏は家族への仕送りのために、一生懸命に働いていたが、あるささいなことをきっかけに同僚とトラブルになる。トラブルがきっかけで職場に居づらくなったA氏は、仕事を辞め、アルバイトをしながらその後も何とか家族への仕送りを続けていた。家族には仕事を辞めたことを隠していたため、今までどおりの額の仕送りが必要であった。そのため、自分自身の生活費はほぼ確保することができずに、アルバイト代の大部分を家族への仕送りに充てていた。

アルバイト生活を始めてから約一年経った頃、体調不良が続くために医療機関を受診したところ、検査の結果、ＨＩＶ（後天性免疫不全症候群）に感染していることが判明した。その時点では発症はしていなかったものの、アルバイを掛け持ちで行うことには限界があり、A氏は次第に自暴自棄になっていく。そのうちにアルバイトにも行かなくなり、そのまま路上生活に至る。その後、家族への仕送りもできずに数年が過ぎた。毎日、朝からアルコールを摂取する生活が続き、同じ路上生活者とのトラブルも絶えない日々であった。

②　入居支援センターとの出会い

A氏が吐血し倒れているところを、偶然、入居支援センターのスタッフが発見し、A氏は病院に緊急搬送された。保険証もなく住所不定の状態であった本人に身元の確認をしようとしても、「家族はいない」の一点張りである。医師から「この状態では仕事はできない」と宣告されたため、入居支援センターのスタッフは生活困窮者自立支援制度の「住宅確保給付金」の申請をA氏に提案した。しかし、本人は頑なに拒絶。住まいのない状態では、本人の生活が立ちゆかないため、センターのスタッフは何度も本人と話し合い、その結果、制度の申請をすることになった。

③　アパート生活の始まり

その後、無事に申請の手続きも終わり、本人の意向もあってアパートへの入居支援を行うことになった。本人にはいろいろと迷いがあったようであるが、何とかアパートでの生活にも慣れ始める。しかし、相変わらず飲酒は止められず、たびたび飲酒しているところをアパートの住人に目撃されていた。センターのスタッフの一人であるB氏は定期的にA氏を訪ね、本人が孤立することのないよう面談を行った。面談を続ける中で、A氏はB氏に自身の生い立ちや家族について話をするようになった。現在では、「路上にいた頃と比べると天国です。本当に助かりました」と、いつもセンターやB氏への感謝の言葉を口にしている。

以上、A氏がいわゆるホームレスの状態になるまでの過程と、住まいに定着するための支援についての一連の流れを示した。

これまでの居住支援では、住まいを見つけるなどの住居を確保する支援は提供する、という事例が多くみられた。しかし、支援を必要とする人の中には、物理的な住居の確保にとどまらず、入居後もそこに住み続けることができるよう、A氏のように継続的な生活への支援を必要とする場合も多い。

本事例においても、継続的な支援により、A氏は次第に働く意欲を取り戻し、自らハローワーク等へ出かけるようになった。「自分は一人ではなく、自分のことを考え支えてくれる人がいる」という実感がA氏の支えとなっているのである。また、自らが望んだ住まい（居室）に入居できたことも、A氏が現在の住居に住み続けることができている大きな要因の一つである。支援者側が本人の住居を支援者側の価値観や判断に基づき選ぶのではなく、本人がそこに住みたいと思う住居を探すプロセスに伴走することが、支援者には求められている。

4　新しい居住支援のかたち

(1)　本人を中心とした支援の展開

これまでの入居支援では、本人の意向よりも制度やサービスを軸として支援方針が検討されることが多かったという実情がある。しかし、本来あるべき支援は、あくまでも本人の住みたい場所や希望する暮らしを基に、居住する物件を本人が決定することから始めることである。また、生活における様々な不安や課題を解消することができるよう、居住物件や支援方法の検討を行い、対象者一人ひとりへのオーダーメイドの支援の形成が求められる。

また、これまで展開されてきた居住支援は、対象者本人の住みたい物件や希望する暮らしに焦点を合わせるのではなく、その時点での限られた選択肢の中から、支援者側がそれまでのアセスメントに基づき、本人に適していると考える居住の場を斡旋する支援方法が採られていた場合が多い。そのため、現在においても、生活困窮者や精神障害者、知的障害者等のいわゆる「住宅確保要配慮者」が居住する住居の中には、ただ雨風をしのげる「場所」であり、暮らしを継続していくための「住まい」とは到底呼ぶことのできないものも存在する。

また、住居の立地についても考慮しなければならない。特に生活困窮の状態にある人は、車などの免許を有さない人も多く、移動手段が限られている場合も多い。そのため、他者との交流のしづらい場所ではなく、本人の意思で移動ができ、他者との交流が可能となる場所等、生活環境を整えることも居住への支援には求められる。

本人の意思により選定した物件である場合には、日当たりや居室の階数、立地など、本人がそこで「暮らす」ことを目的とし決めるというプロセスを経ているため、「住まい」としての居住環境が担保される。このような居住支援により住居を決定した対象者は、入居後、トラブル等を起こし退去を迫られる可能性はきわめて低いものと考えられる。自身が住みたい場所、暮らしたいと思える居室、そして、希望する暮らしを自身で決定した場合には、その場所にいつまでも住み続けたいという本人の想いがあるため、トラブルを起こし自らその場所で生活ができなくなるような行為には及ばないのである。

（2）住宅確保における課題の解消に向けて

出所者や精神障害者、知的障害者等の住宅確保が困難である理由としては、トラブルの忌避等を理由とした不動産会社による入居者の制限や、漠然とした不安による家主の拒否などが挙げられる。しかし、本人の希望する場所、居室へ入居することにより、大家の心配する「トラブル」が起こる確率はきわめて低いものとなり、これらの問題は回避できるものと考えられる。

また、住まいを確保するための支援において、物件管理者や近隣住民からのコンフリクトの発生等により、障害者等の入居を拒む不動産業者は依然として多い。コンフリクト発生の主な理由は、物件管理者や家主、近隣住民などの「事件、事故などが起こるのではないか」「入居者間のトラブルが発生するのではないか」「他の住民が出て行ってしまうのではないか」といった漠然とした不安に基づくものである。今後、入居前から入居後に至るまで、連続性のある居住支援を行うことにより、居住者および家主双方の様々な不安を除去することが期待される。

一方、住まいへの支援を行うことにより、日常生活を送ることへの一定の効果は期待されるものの、対象者の単身生活における「孤立感」や「孤独感」という課題がすべて解消されるわけではない。そのため、住む場所の提供で入居支援を終結するのではなく、自分らしくその場所で継続して「暮らす」ことが可能となるよう、日中の居場所や就労の場、余暇を過ごす場所、友人や知人を得ることなどをも包含した居住支援が求められる。

（3）住居確保と生活支援の一体的提供

前述したとおり、住まいを確保するための支援を必要とする人々の中には、住まいを確保した後の日常生活を送る上でも、何らかの支援を要する人は少なくない。なぜなら、一般的に住まいの確保に困難を伴う場合、そもそもの生活の中に何らかの課題がある場合が多く、それはつまり、いわゆる標準的な生活の外に置かれた人々であることを意味するからである。住居だけを提供したとしても、地域に定着して生活を継続することができなければ、いくら素晴らしい物件を確保したところでそれは意味をなさない。

生活支援の対象者は、地域の中で当たり前に生活を送るための支援を必要としている人であり、地域で生活するためにまず必要となるものは住居である。住居確保のための支援と生活支援とは、本来別々に提供されるものではなく、一連の生活支援の中で必要に応じて住居確保のための支援も提供されなければならない。

しかし、現時点では、住宅確保と生活支援とが分離した状態で提供されているために、支援を必要としているにもかかわらず、物件のみの提供で関わりは終結し、生活への支援が提供されていないという事例も多い。そのために、提供された住居に住み続けることができず再び住居のない状態に戻る場合や、孤立感や孤独感が解消されないままに地域の中での生活の継続が難しくなるという課題が生じる。住宅確保から生活支援に至るまで、一連の流れの中で一体的に提供する仕組みがあれば、住宅を確保することと確保した住宅に定着するための支援は分断されることなく、その後の生活を包含した予防的支援も可能となる。それぞれの支援は点で提供されるのではなく、つながりと連続性を保ちながらその人の生活全体を捉えながら提供する必要がある。

生活困窮者を対象とした住居確保に関する制度としては、二〇一五年四月一日に始まった生活困窮者自立支援制度において、住む場所の確保のための支援としての「住宅確保給付金」がある。現行の制度は、家賃補助（三カ月）の対象を離職者に限定しているために、対象者が選別されるという課題がある。実際、ネットカフェや脱法ハウスで生活する人の多くは仕事をしているという実態も確認されている。しかし、そのような状態にある人々の収入はきわめて低いという現状もあり、住居を確保する際に必要となる敷金や礼金を準備することができずに、結果として劣悪な環境下での暮らしを余儀なくされる人も多く存在する。

生活困窮の状態にある人に対しては、雇用機会の確保などの就労支援や経済的支援ももちろん必要な支援ではあるが、同時に居住への支援も提供されなければ、生活困窮の状態から抜け出すことはできない。

注

（1）住生活基本計画（全国計画）は、住生活基本法（平成一八年法律第六一号）に基づき、国民の住生活の安定の確保及び向上の促進に関する基本的な計画として策定された。計画においては、国民の住生活の安定の確保及び向上の促進に関する目標や基本的な施策などを定め、目標を達成するために必要な措置を講ずるよう努めることとされている。

（2）住宅確保要配慮者のための住宅セーフティネットの機能の強化の必要性や、空き家等の増加といった政策課題に対応するため、民間賃貸住宅や空き家等を活用した住宅確保要配慮者向け住宅の登録制度や登録された住宅の改修・入居への支援措置等を内容とする制度が、「住宅確保要配慮者に対する賃貸住宅の供給の促進に関する法律」の改正により創設された。

参考文献

大本圭野（一九九一）『「証言」日本の住宅政策』日本評論社。

韓国住居学会ＨＰ（http://www.housingwp.or.kr/user/intro/IntroUser3. 二〇二〇年七月一日アクセス）。

木村草太（二〇一三）『憲法の創造力』ＮＨＫ出版新書。

西野聖子・五十嵐敦子ほか（二〇〇九）「精神障害者に対する民間賃貸住宅における居住支援プロセスの分析――精神障害者に対する居住支援の実態と課題その1」『日本建築学会大会学術講演梗概集』一二三九-一二四〇頁。

野村恭代（二〇一三）「本人を主体とした新たな居住支援の展開――Ａ入居支援センターの取り組みからの考察」『居住福祉研究』一五、四二-五一頁。

早川和男（一九九七）『居住福祉』岩波新書。

早川和男（二〇一四）『居住福祉社会へ――「老い」から住まいを考える』岩波書店。

本間義人（二〇〇九）『居住の貧困』岩波書店。

山口弘幸（二〇〇六）「精神障害者の居住サポートに関する一考察――住宅確保に向けた支援対策の検討」『長崎ウエスレヤン大学現代社会学部紀要』四（一）、一二三―一三二頁。

柳中権・張秀萍／李桓訳（二〇〇七）『「居住福祉学」の理論的構築』東信堂。


（野村恭代）

第4章　職権主義と申請主義
――意思決定を支援するアドボカシーの確立

本章では、「職権主義」「申請主義」が抱える二律背反構造を明らかにし、それを乗り越えるために意思決定を支援するアドボカシーが必要であることを述べる。第1節では「職権主義」「申請主義」の制度と運用が「自己決定の尊重」と「必要のある者に確実に支援を届ける」ことの二律背反構造を抱えていることを述べ、第2節では生活困窮者自立支援制度においても同様であることを述べる。第3節で、二律背反構造を乗り越えるためには意思決定を支援するアドボカシーが必要であることとその日本とイギリスでの現状を述べ、第4節で日本におけるアドボカシーの確立に向けた今後の課題を述べる。

1　自己決定の尊重と確実に支援を届けること

(1) 制度のつくり

① 職権主義

福祉分野における職権主義とは、行政機関が必要性を判断して、本人の申請によることなくその権限で個人に対して一定の「措置」をとるものである。介護保険法施行前の老人福祉法による養護老人ホームや特別養護老人ホームへの入所措置、障害者支援費制度に移行する前の身体障害者福祉法等による身体障害者更生援護施設等への入所措置、一九九七年改正前の児童福祉法による保育所への入所措置などが挙げられる。法律上申請は規定されておらず、申請がなくても行政機関は保護する必要がある者を措置することができる、あるいは措置しなければならない。また、措置によって保護された者は反射的に利益を得るに過ぎないとされ、権利性は認められていない（厚生省社会局老人福祉課監修一九八七：八八‐八九）。保護する必要があるかどうか及びその内容については行政機関に広い裁量が認められ、行政機関の措置に対し不服申立ては認められていない。このように、職権主義による措置の仕組みは、必要のある者にサービスを提供する権限または責任を行政機関が負っているが、本人の自己決定の尊重は保障されていない。

②　申請主義

申請主義は、本人の権利行使の意思表示である申請を給付の要件とするもので、年金など社会保険に多くみられる。権利性が明確で、申請が却下された場合には不服申立てができ、裁判で争うこともできる。

社会福祉制度の中で申請主義をとる代表的な例は生活保護である。保護を受けることは憲法第二五条に規定する生存権を具現化した権利だからである。生活保護法第七条は「申請保護の原則」を掲げている。但し書きで「要保護者が急迫した状況にあるときは、保護の申請がなくても、必要な保護を行うことができる」と規定されているが、急迫時以外は申請に基づいて開始される。仮にその人の生活が「健康で文化的な最低限度」を満たしていないとしても、申請がなければ保護をしなくても適法である。それどころか、申請がなければ急迫時を除いて保護はできない。

このように、申請主義の仕組みは、権利行使について本人の自己決定を尊重するが、申請がなければ必要な者に支援を届けることはできない。

③　契　約

職権主義も申請主義も、行政機関又は保険者（以下、行政機関等）の給付決定についての考え方であり、本人と行政機関等との関係を規定する。サービス給付では、サービスを行政機関等が直接提供するのではなく民間事業者が提供する場合が多い。その場合の本人とサービス提供事業者との関係を次にみよう。

「措置」に基づくサービスは行政機関が直営で提供するか、社会福祉法人等に委託して提供していた。サービス提供事業者と本人との間に法律関係はなく、事業者は本人ではなく委託元である行政機関に対して義務を負う。

これに対して、介護保険では、本人とサービス提供業者との間では「契約」が交わされる。介護保険や障害者支援費制度が創設された福祉の基礎構造改革のキーワードは「措置から契約」であった。「契約」では、どの事業者からどんなサービスを受けるかを本人が選択して決める。本人の自己決定が尊重される仕組みである。そのかわり、契約がなければ支援が必要であってもサービスは提供できない。なお介護保険では、「契約」によって受けたサービスの費用について公的に保障する仕組みは②の申請主義で、行政機関等と本人との間で要介護認定などの行政処分が行われる。

福祉のサービスは、生活保護を除いて原則として、社会福祉基礎構造改革前は職権主義と措置委託で、同改革後は申請主義と契約で提供されている(1)(表4-1参照)。

(2) 運用の実態

制度の仕組みは前述のとおりであるが、それでは、実際の運用はどうであろうか。制度の仕組みと同様に、職権主義としては措置を、申請主義としては生活保護を、契約では介護保険を例に見てみた

表4-1　本人と行政機関およびサービス提供事業者との関係

	社会福祉基礎構造改革前	社会福祉基礎構造改革後
本人と行政機関との関係	職権主義(1)	申請主義
本人とサービス提供事業者との関係	――(2)	契　約

注：(1)　生活保護は除く。
(2)　措置委託は，行政機関とサービス提供事業者との関係であり，本人とサービス提供事業者との間には法的関係がない。

い。

①　職権主義

職権主義においても運用上は申請が行われることも多かったが、情報収集の手段という色彩が濃いといわれている（橋本　一九九五）。あるいは、措置を円滑に行うためでもあろう。そもそも申請といっても障害や高齢など何らかの「保護」の措置を必要としている者が、措置の権限を持つ行政職員に対して自己の意思を十分主張できるとは考えにくい。仮に主張したとしても、最終的には行政機関が判断し、決定する。したがって、運用上も自己決定が尊重されていたとは言い難い。

それでは、必要のある者に確実にサービスが提供されていただろうか。法律上は行政機関が必要のある者を申請がなくても措置するものであったが、実際に必要のあるすべての者が措置されているわけではなかった。第一に、申請などの本人からの働きかけなしには必要のある者を行政機関が把握することは困難だったからであり、第二に、把握できても、入所施設等のサービスが不足していたからであった。入所の必要がある者の中から誰を実際に措置するかは行政機関が裁量で決めていた[2]。いずれにせよ、必要のある者に確実に行政機関がサービスを提供するような運用にはなっていなかった。

② 申請主義

生活保護については、権利を知らなくて申請をしない人もいる。また、親族等への扶養照会を嫌って、あるいはスティグマから申請をしない人もいる。保護の実施機関が、予算等の問題で保護を抑制したい場合に申請を出させない、水際作戦と呼ばれる対応が行われたこともある。そもそも、生活保護を必要とする人は、障害や老齢や社会的孤立など何らかの社会的不利益を抱えていることが多い。申請の意思決定や行為が容易でないことは推測に難くない。実際には、申請主義の下でも権利行使について自己決定が尊重されない場合が多々生じていると考えざるを得ない(3)。

③ 契約

介護保険の契約において、実際に「選択」の自己決定が尊重されるためには、第一に十分なサービスが供給されていることが必要である。サービスが不足している場合には「選択」の余地はないからである。第二に、仮にサービスが十分あったとしてもその情報を受け手が持っていないと自己の意思に沿った選択はできない。サービス提供者側に比べて受け手側がもっている情報が圧倒的に少ないという、いわゆる「情報の非対称性」の問題である。第三に、申請主義同様、サービスの受け手である要介護高齢者などが自分で意思を伝えることの難しさがある。

自己決定の尊重を実際に機能させるために、介護保険創設時には契約の第一の弱点を克服するためのサービスの量的整備と同時に、第二の弱点を補う情報提供、質の向上のための措置、第三の弱点を補う介護支援専門員、成年後見や日常生活自立支援事業、苦情解決制度などが設けられた。介護支援専門員、日常生活自立支援事業の生活支援員の実態については第3節で詳しく検討する。

なお、必要な支援を届けるという観点からは、やむを得ない事由で介護保険を利用することが著しく困難な場合に職権による保護を行う「措置」の規定が老人福祉法に残された(4)。しかし、「やむを得ない事由」で「著しく困難」とまではいえない場合には必要な者にサービスが提供されない問題は制度上残る。そのような場合には、契約利用が可能となるよう支援するソーシャルワークによる補完が、制度上も想定されていると考えられよう。

2　生活困窮者自立支援の制度と実態

(1)　制度のつくり

生活困窮者自立支援制度の事業は、住居確保給付金の支給は申請主義に基づく制度であり、権利性があり、支給決定は不服申立て等の対象となる。金銭給付はその特性から要件を明確にした権利性が求められ、児童扶養手当や特別児童扶養手当など他の社会福祉制度でも申請主義がとられている。

しかし、それ以外の支援、即ち自立相談支援、就労準備支援、一時生活支援、家計改善支援及び子どもの学習・生活支援等では法令上、申請は位置づけられておらず、支援決定は不服申立て等の対象とはされていない（厚生労働省社会・援護局地域福祉課生活困窮者自立支援室 二〇一五：四一）。一方で、職権主義に基づく措置のような規定もない（厚生労働省社会・援護局地域福祉課生活困窮者自立支援室 二〇一五：四二）。

受給権を個人に付与するには、対象者についての明確な線引きが必要であり、この制度がそもそも諸制度の狭間に陥っている生活困窮者に対しての支援を目的としている以上、完全な申請主義は取りえない。一方、職権主義による措置の仕組みも本制度では取りえない。なぜなら、現在、措置は、児童養護施設や児童自立支援施設、保護施設などのように入所を自己決定に委ねるわけにはいかない施設の入所で残っているが、大人に対する自立支援は自己決定に基づくものでなければ効果が上がらないからである。また、本来は契約である特別養護老人ホームへの入所でも虐待などの急迫時には措置が使われるが、生活困窮が急迫している場合は職権による生活保護が行われる(5)ため、本制度での措置は不要だからである。したがって、個人に対する受給権の付与や行政処分の権限の規定がなく、介護保険における地域支援事業などと同様に、地方公共団体による事業の実施のみが規定された制度となっている。

つまり、法律上は自己決定の尊重の仕組みも、必要な人に支援を届ける仕組みも組み込まれていない。

（2）運用の実態

それでは、運用上ではどうだろうか。

相談を受けて支援が必要と判断した場合は、「利用申し込みを受けて、その同意を得る」とされており、支援プランの策定に当たっては「本人の意思を十分に尊重する」とされている。支援プランは一種の契約と考えることができよう。また、支援に当たっては「本人の思いや気持ちを共感的・受容的に受け止め、寄り添いながら支援を展開」「目指す自立の姿は多様」「本人が自分の意思で主体的に、自立に向けた行動をとれるように個別的な支援を実施」することとされ、自己決定の尊重に配慮された進め方が示されている(6)。ただし、本人が支援を望んでいるにもかかわらず行政機関が不要と判断した場合に救済する仕組みは運用上も設けられていない。

調査(7)では、次のとおり、自己決定の尊重と必要な人に支援を届けることの両立に苦労している実態が明らかになった。

事例1　本人同意が得られない支援を制度外で続ける相談機関

自立相談支援事業の委託を受けているA機関では、支援が必要と判断しても支援プランに本人の同意が得られない場合、実際上は支援を行いながらこの法律に基づく支援ではないと整理して厚生労働省等への統計報告からは除外している。

事例2　息子のひきこもりの相談に来た母親

息子のひきこもりを心配した親から相談があったが、本人とは話ができず、同意もないため、親の支援プランを立てて、そのなかで本人も支援している。

事例3　識字や計算に困難を抱える二〇代女性

一般就労がなかなかうまくいかないが、療育手帳に関して話題にすると母親が大変な剣幕で拒否し、障害者制度を活用した就労支援ができない。

3　意思決定を支援するアドボカシー

(1) 二律背反を乗り越える

制度のつくりとしては、職権主義では必要な者に支援を行えるが、自己決定が尊重されていない。逆に申請主義、契約では自己決定が尊重されるが、客観的に支援が必要であっても申請、契約がなければ支援を届けることができない。自己決定の尊重と必要な人に支援を届けることは二律背反のように見える。しかし、運用の実態をみると、いずれの制度でもその制度だけでは自己決定の尊重も必要な人への支援も確保されない。

職権主義であっても、行政機関が把握していなければ、支援の必要な人に支援を届けることはできない。本人または周囲の人たちからの相談などの働きかけがなければ行政機関が支援の必要な人を把握することは難しい。同様に、申請主義、契約であっても、十分な情報をわかりやすく提供し必要な場合には申請や契約に同行し助言するなどの支援がなければ、すべての者の自己決定を尊重することはできない。

制度を知らない、役所の敷居が高く感じる、時間的、心理的に余裕がないなどで申請や相談に困難を感じる人は多い。勇気を奮って相談してダメだといわれて無駄足と感じたり傷つけられたりした場合、その後の制度改善によって対象になったと聞いても、もう一度相談しようという気にはなかなかならないだろう。また、実際には対象になる場合でも、行政機関の窓口の担当者は一旦肯定の回答をして間違っていた場合にトラブルになるので、わからない場合には否定的なニュアンスで回答するバイアスがかかる。それで相手があきらめた場合には、複雑な制度を調べるモティベーションは行政職員には働きにくい。待機者の多いサービスや予算が不足しがちな制度では特にそうである。残念なことに制度はますます複雑化してきている。これでは、自己決定の尊重も必要な人に支援を届けることもままならない。

逆に十分な意思決定支援や支援の必要な人を把握するネットワークがあれば、どちらの制度下でも自己決定を尊重し必要な人に支援を届けることは相当程度に可能になる。一言でいえば、二律背反を乗り越えるのはソーシャルワークの力である。ここでは、その中でも、本人に寄り添って意思決定を支援するとともに、必要な場合にはその声を行政機関やサービス提供事業者に届け、支援が得られるように交渉するアドボカシー[8]の機能に絞って論を進めたい。

（2） 日本におけるアドボカシーの現状

現状において、日本でアドボカシーの機能を果たしている者は、次のとおり挙げられる。

① 制度外のアドボカシー

第一に家族が挙げられる。本人の側に立って、本人とともに、または本人に代わってその意思を伝えるのは多くの場合、まずは家族である。行政機関も、医療機関や社会福祉施設などのサービス提供事業者も家族の代弁は受け入れやすい。ただし、本人と家族の気持ちや利害が一致しない場合、具体的には、本人は自宅への復帰を望んでいるが家族は入所の継続を望んでいる場合や本章2（2）で述べたひきこもりの事例の場合などは、家族による代弁は困難である。また、子と同居しない高齢者や非婚化の進行で家族のいない者も増加しており、家族がいても高齢や障害で家族が代弁機能を果たせない場合も増加している。

第二に、友人が挙げられる。友人に相談し、情報を得たり助言を受けたりすることは一般に行われている。ただし、友人は代弁者としては社会的な認知度が低く、契約や申請に同席を認められないこともある。

第三に、地方公共団体の議会議員が挙げられる。議員による代弁が制度外かどうかは議論があるだろうが、少なくとも個々のケースについては社会福祉制度内に位置づけられてはいない。しかし、議員が、本人や家族の側に立ってその声を行政機関に届け、否定的対応をとる行政機関に対して交渉する役割を果たすことは少なくない。

第四に、ピアサポート団体など特定の分野の支援を行うＮＰＯ等の団体が挙げられる。特定分野に特化したＮＰＯは、本人の状況について理解が深く、場合によっては行政機関やサービス提供業者よりも制度について詳しい専門知識を持っている。本人の相談に応じ複雑な社会福祉制度についての情報をわかりやすく本人に提供したり、否定的対応をとる行政機関に対して、本人に同行し、その希望に応じた対応がされるよう交渉したりする場合もある。ただし、その数は限られており、地域的にも偏在している。

②　制度的アドボカシー

制度に規定されている者で、アドボカシー機能を果たしていると考えられるものは、次のとおりである。

第一に民生委員が挙げられる。民生委員は、措置の時代から広く住民の相談に乗り、その声を行政に伝える役割を担っている。生活保護法には福祉事務所長等への協力義務が規定されており、また生活保護に限らず、民生委員には社会福祉に関する様々な情報が幅広く行政機関から提供される。民生委員は、支援が必要な住民の情報を行政機関の担当課や地域包括支援センターなどの専門機関につなぐ重要な役割を果たしている。行政機関の窓口の敷居が高い感じがして行きにくい場合や、一人暮らし高齢者などで同行する家族がいない場合など、民生委員が同行することもある。民生委員自身も地域住民の一人であることから、対象者に寄り添った支援が行いやすい立場にある。ただし、民生委員は特別職の非常勤地方公務員であり、行政機関の業務への協力も職務とされており、本人と行政機関が対立した場合に本人の側に立った活動を期待できるわけではない。

第二に、介護支援専門員が挙げられる。(9) 介護支援専門員は、要介護者又は要支援者からの相談に応じ、及び要介護者又は要支援者がその心身の状況等に応じ適切な居宅サービス等を利用できるよう市町村、居宅サービス事業を行う者等との連絡調整等を行う者(10)であり、その業務全体がかなりアドボカシーに近い。「利用者の立場に立って、その生活全般に寄り添って支援を行う機能を果たしてきており、制度創設から一〇年以上が経過した現在、国民の間にも定着し、要介護者等にとって欠かせない存在となってきている」と評価されている（介護支援専門員（ケアマネジャー）の資質向上と今後のあり方に関する検討会 二〇一三）。しかし、ケアプランについて「真に必要な介護サービス以外の不要なサービスが提供されていないかの検証(11)」が進められると、本人の意向よりも「真に必要か」の判断が優先し、アドボカシーの機能が低下することが懸念される。

第三に、日常生活自立支援事業の生活支援員が挙げられる。日常生活自立支援事業は、判断力に一定の障害があるが、自分の日常生活を円滑に送り権利侵害から身を守るために支援を求める本人の意思に基づいて、その人との契約を基礎に支援を行う仕組み（田中編著 二〇〇八：二〇）である。主な具体的内容は、福祉サービスの利用援助とそれに伴う日常的金銭管理であり、情報提供、助言、契約手続及び利用手続等の同行又は代行を行う。

「地域福祉権利擁護事業」という名称で実施されていたように[12]、掲げられている業務はアドボカシーそのものといえる。しかし、ニーズに対応できるだけの支援人材の量と質の確保に課題を抱えており、業務の実態は日常的な財産管理が著しく多くなっているとの指摘もある（平田 二〇〇八：五一八―五三三）。また契約に基づくものであるため、契約能力がないと判断される場合には対象にできない（田中編著 二〇〇八）。

第四に、成年後見人等が挙げられる。岩間伸之はソーシャルワーク実践において成年後見制度を社会資源として活用することによって、①ソーシャルワークにおける「権利擁護」の意味の明確化、②本人の主体化とエンパワメントへの焦点化、③代弁することの本質的な意味の明確化がなされると期待している（岩間 二〇一二）。

しかし、実際には、成年後見人等の約半数は弁護士、司法書士であり、社会福祉士は一四％、社会福祉協議会も三％である（最高裁判所事務総局家庭局 二〇二〇）。そして、新規あるいはルーティーンでない法律行為を成年後見人等として代理する場合に、そのことについて常に本人に意思確認をする者は社会福祉士でも半数、弁護士で二七％、司法書士で二八％に過ぎない（日本弁護士会連合会第五八回

表４－２　成年後見制度の課題

•自己決定を最も尊重する補助類型がきわめて少なく，後見類型が大半を占めていること・後見開始や後見人の選任について本人の意思が確認されないこと •包括的な行為能力制限がされ，多くの欠格条項に結び付いていること •包括的な財産の管理処分権限が後見人に付与されていること •本人の意思尊重よりも財産管理の制度の意識が強いこと •後見についての自己決定が尊重される任意後見制度が活用されていないこと

出所：日本弁護士会連合会第58回人権擁護大会シンポジウム第２分科会実行委員会（2015：21-24）を基に筆者整理。

人権擁護大会シンポジウム第二分科会実行委員会 二〇一五：二八七）。

日本弁護士会連合会は成年後見制度について、表４－２のような課題を挙げており、アドボカシーの制度として十分機能しているとは言い難い。

第五に生活困窮者自立支援の支援専門員も挙げられる。ただし、就労による自立を目標とした自立支援計画の達成に重きを置きすぎると、アドボカシー機能が低下することが懸念される。

以上みたとおり、制度的にアドボカシーの機能を果たすことが期待される者は様々にいるが、その職務はアドボカシーに特化しておらず、アドボカシーとそれ以外の職務との間で葛藤を抱えている。

（３）イギリスにおけるアドボカシーの現状

イギリスでは、サービスから独立した、アドボカシーに特化した支援を行う者を制度に組み込んでおり、必要としている人には地方公共団体がアドボカシーサービスを提供する。また、コミュニケーションが難しい人のアドボカシーについての指針[13]も出されている。実際にそのアドボカシー活動を行うのは民間非営利団体が多く、制度化される以前から、また現在でも、制度外のアドボカシーも活発に行われている（椋野ほか 二〇一七）。

① 民間非営利団体による制度外のアドボカシー

イギリスのオックスフォード市では、民間非営利団体が活発なアドボカシー活動を展開している。その一つ、ゲッティングハードは、法に基づくアドボカシー活動として②に述べるＩＭＣＡ（Independent Mental Capacity Advocate：意思決定に関する第三者代弁人）を地方公共団体の委託を受けて行っているほか、団体独自の活動として、高齢ガン患者アドボカシーサービス（Cancer and Older People Advocacy Service）とコミュニティ・アドボカシーサービスを行っている。

高齢ガン患者アドボカシーサービスは、五〇歳以上でガンにかかった者の支援であり、財源は宝くじの基金を活用している。家族友人がなく、病院の予約も忘れてしまうなどの問題がある人に対し、病院への同行を行ったりする。

コミュニティ・アドボカシーサービスは、成人で家族、友人がなく読み書きができなくてコミュニケーションに問題があるような者や、パニック症候群、麻薬やアルコール問題を抱えている者などを対象にしている。一般的に多い相談は、大家とのトラブルや、近隣からの嫌がらせなどである。法的な問題は取り扱えないのでそのような場合は弁護士を探す援助をするところで終わる。

オックスフォード市にはこの他にもアドボカシー活動を行っている団体があり、オックスフォードシャー・ウェルフェア・ライツやアグネス・スミス・アドバイス・センターは、福祉手当に対する不服申立て等の支援を行っている。

② 制度的アドボカシー

第一にＩＭＣＡがある。二〇〇五年意思決定能力法（Mental Capacity Act 2005）により導入され、長期の入院・入所や深刻な医療処置の選択など重要な特定の意思決定を行う能力を失っている人々を守るため、その人を代弁できる家族、友人などがいない場合、サービス提供者であるＮＨＳ（National Health Service）や地方公共団体に対して、独立した立場から本人の意思決定を支援し、代弁する。ＮＨＳや地方公共団体が本人にサービスを給付したいが本人が同意できない場合に、友人や家族がいなくても、ＩＭＣＡの意見を参考にすることで決定の正当性が担保されることになる。ＩＭＣＡの役割は情報を収集、評価し、本人に代わって、その最善の利益を表明し、疑問があればサービス提供者の決定に異議を申し立てることであり、さらには審判を申し立てる権限も有している。菅富美枝は、ＩＭＣＡを「意思決定に困難を抱えながらも独り暮らしを続けている人々をもろもろの社会保障制度へと繋ぐ、法的・社会的ネットワーキングの要としての機能」と評価している（菅 二〇一一：三五四）。

第二に、ＩＭＨＡ（Independent Mental Health Advocate：第三者精神保健代弁人）がある。二〇〇七年精神保健法（Mental Health Act 2007）に基づき、措置入院等をしている患者はＩＭＨＡのサービスを受けることができる。ＩＭＨＡは、従っている法律の規定とその権利を患者が理解することを援助し、意思決定を支援することによって患者の権利の行使を支援する。

第三に、ＩＣＡＡ（Independent Care Act Advocate：第三者ケア法代弁人）がある。二〇一四年ケア法（Care Act 2014）に基づき、ケアや支援が必要であり、意見を表明することに困難を感じ、助けてくれる家族や友人がいない場合、ケアや支援を行う地方公共団体は、ニーズや介護者のアセスメント、ケアや支援計画の準備、虐待の調査、地方公共団体の決定への不服申立てなどの手続きでは、ＩＣＡＡを指定しなければならない。

第四に、ＩＣＡＳ（Independent Complaints Advocacy Services：第三者苦情代弁サービス）がある。二〇一二年保健福祉ケア法（Health and Social Care Act 2012）に基づき、ＮＨＳに苦情を申し立てたい人を支援するサービスで、地方公共団体が提供する。

4　アドボカシーの確立に向けて

本章3(2)でみたとおり、アドボカシー機能を果たしている、または果たすことが期待されている者は日本にもある。しかし、質、量の両面でそれぞれに課題を抱えている。

第一に、量的不足が挙げられる。アドボカシーを必要としている人の数に比べて数が大幅に不足している。日常生活自立支援事業も成年後見制度も必要数に比べて実際に利用できている者の数が絶対的に少なく、地域的偏在も大きい。生活困窮者自立支援事業も同様である。専門職を増やすことには限界があり、市民後見人(14)のような、市民がアドボカシー機能を果たせる仕組みを普及することが必要である。市民後見人の負担を軽減するために、社会福祉協議会の法人後見と連携することも一つの案である(15)。

第二に、アドボカシーの意識と技術の普及が挙げられる。生活困窮者自立支援制度の実施の中で見えてきたのは、困窮している人の中には制度の狭間に落ちている人だけでなく、制度の対象であるにもかかわらず支援が届いていない人が多くいることである。行政機関や相談機関、支援事業所などで相談や支援に携わるすべての人が、制度の側からでなく本人に寄り添って情報の提供、意思決定の支援をするアドボカシーの意識と技術を身に付けることが重要である。

第三に、地域におけるアドボカシー機能の強化・創出が挙げられる。生活困窮者自立支援の自立支援計画が終結しても、相談支援員に様々な日常の相談を続ける例がある。他の人なら家族や友人に相談しているような日常の相談を相談支援員にすることが、彼らにとっては何とか「自立した生活」を続けていくために不可欠ともいえることなのである。相談支援員以外に、彼らが相談できる制度外でアドボカシー機能を果たす人や団体を地域に創出することが求められる。

第四に、第三者性の強化が挙げられる。日本における制度的なアドボカシーを行っている者は、いずれもアドボカシー以外の支援業務をもっており、イギリスのような独立した第三者性をもっていない。民生委員は行政機関への協力、介護支援専門員はケアプランの作成、日常生活自立支援事業の生活支援員は金銭管理、成年後見人は財産管理、生活困窮者自立支援事業の相談支援員は支援計画の原案作成などである。アドボカシーを行う者が支援の手段ももっていることは、支援を確実にする一方で、自己決定の尊重が十分でなくなる面もある。本人の意思よりも「客観的に適切な支援」を優先して、それに向けて本人を説得してしまう場合などである。

少なくとも、地域で孤立した単身世帯の者のように家族や友人がいなくて、入院や入所のような本人にとっての重大な決定が職権によって行われる時には、イギリスのように、制度的に第三者性が担保されたアドボカシーの導入が検討に値するのではないだろうか。

第五に、コミュニケーションが困難な者の意思決定支援が挙げられる。特に権利擁護が必要な重度の認知症や知的障害の者の意思決定を代行ではなく支援する機能は、現在の成年後見制度では果たせていない。コミュニケーションが難しい者の意思決定支援の専門性を高めることが必要である(16)。

職権主義、申請主義、措置、契約、制度のつくりを問わず、自己決定を尊重しながら、支援が必要な人に支援を確実に届けるために、以上述べた課題を解決して意思決定を支援するアドボカシーを確立することが求められている。

制度のつくりとしては、職権主義では必要な者に支援を行えるが、自己決定が尊重されない。逆に申請主義、契約では自己決定が尊重されるが、客観的に支援が必要であっても申請、契約がなければ支援を届けることができない。しかし、運用の実態を見ると、いずれの制度でも制度だけでは自己決定の尊重も必要な人への支援も確保されない。逆に、十分な意思決定支援や支援の必要な人を把握するネットワークがあれば、どちらの制度でも、自己決定を尊重しながら必要な支援を届けることが相当程度に可能となる。自己決定の尊重と必要な人への支援の二律背反を乗り越えるのはソーシャルワーク、特にアドボカシーの機能である。

このアドボカシーの機能を果たしているのは、日本では、制度外のものとして家族、友人、地方議会議員、NPO団体等がある。また、制度的なものとしては、民生委員、介護支援専門員、日常生活自立支援事業の生活支援員、成年後見人、生活困窮者自立支援の支援専門員などがある。しかし、民生委員等の職務はアドボカシーに特化しておらず、アドボカシーとそれ以外の職務との間で葛藤を抱えている。イギリスをみると、民間非営利団体による制度外のアドボカシー活動が活発に行われており、制度的アドボカシーとして、意思決定に関する第三者代弁人などがある。

アドボカシー機能を果たす者の量的拡大、アドボカシーの意識と技術の普及、地域におけるアドボカシー機能の強化・創出、第三者性の強化、コミュニケーションが困難な者の意思決定支援にかかわる専門性の向上が課題として挙げられ、これらの課題を解決して意思決定を支援するアドボカシーを確立することが求められている。

注

（1）社会福祉基礎構造改革前でも生活保護の医療扶助や介護扶助は申請主義であり、社会福祉基礎構造改革後でも急迫時や児童養護施設等には職権主義が残っている。
（2）実際には必ずしも優先度の高い者から措置されていたわけではなかった。サービスが不足する中で複数の行政機関から措置を受けている入所施設は、定員の空きをどの市町村に連絡するかを決めることができた。それによって、待機者を抱えている市町村に対して優位に立っていた。事実上、施設側が入所者を選択することが生じており、重度の者ばかりを措置されると運営が困難だということを理由に施設側が軽度の者を選ぶこともあった。このため、介護保険前は特別養護老人ホームに自立に近い者が入所していることは珍しくなかった。
（3）後藤（二〇一七：一三五）は福祉給付の受給権を満たす者が福祉から遠ざけられているときの制度へのアクセスの障害を「申請主義の壁」と称し、①情報の壁、②認知の壁、③社会の壁、④制度の壁に大別している。
（4）老人福祉法第一〇条の四及び第一一条。
（5）生活保護法第七条及び第二五条。
（6）厚生労働省社会・援護局地域福祉課長通知「自立相談支援事業の手引き」平成二七年三月社援地発〇三〇六第一号。
（7）科学研究費補助金基盤研究(c)「行政・社会福祉法人と連携した生活困窮者支援策の開発・推進に関する

実証的研究」(二〇一四～二〇一六年度、研究代表者:椋野美智子)において実施した調査。
(8) アドボカシーの定義は論者によって様々であるが、ここでは、Social care institute for excellence (2014) の中の independent advocacy の説明 "Independent advocacy is about giving people as much control as possible in their lives. It helps people understand information, say what they want and what they need and get the services they need" を参考に「人々が情報を理解し、望むことや必要としていることを伝え、必要としている金銭やサービスを受けることを援助すること」という意味で用いる。
(9) 本章(2)③で述べたように、介護保険創設時に、介護支援専門員、苦情解決制度、成年後見や日常生活自立支援事業などが創設された。
(10) 介護保険法第七条第五項。
(11)「地域支援事業の実施について」平成一八年六月九日厚生労働省老健局長通知。
(12) 二〇〇七年度に国庫補助事業の名称は「日常生活自立支援事業」に変更されたが、現在でも「地域福祉権利擁護事業」の名称を用いている地域もある。
(13) An Advocate's Guide to Independent Non-Instructed Advocacy-Older People and Dementia-Principles, Practice and Guide to Further Resources. (http://opaal.org.uk/app/uploads/2015/09/An-Advocates-Guide-to-Non-Instructed-Advocacy-2013.pdf 二〇一八年八月二六日アクセス)。
(14) 現在、市民後見人は成年後見人等の一%に満たない(最高裁判所事務総局家庭局 二〇二〇)。
(15) 例えば飯能市では市民後見人養成講座修了者が社会福祉協議会の法人後見の支援員として身上監護を行い、財産管理については社会福祉協議会の職員が行っている。あるいは、市民後見人と社会福祉協議会が複数選任で後見人となり、業務分担する方法もある(厚生労働省社会・援護局地域福祉課成年後見制度利用促進室・障害保健福祉部障害福祉課地域生活支援推進室・老健局総務課認知症施策推進室 二〇一九)。

（16）この点については、厚生労働省から二〇一七年に「障害福祉サービス等の提供に係る意思決定支援ガイドライン」が、二〇一八年に「認知症の人の日常生活・社会生活における意思決定支援ガイドライン」が出されている（https://www.mhlw.go.jp/file/06-Seisakujouhou-12200000-Shakaiengokyokushougaihokenfukushibu/0000159854.pdf　二〇二〇年三月一日アクセス、https://www.mhlw.go.jp/file/06-Seisakujouhou-12300000-Roukenkyoku/0000212396.pdf　二〇二〇年三月一日アクセス）。また、厚生労働省に設置されている成年後見制度利用促進専門家会議で「後見人等による意思決定支援の在り方についての指針」が検討されている（「『後見人等による意思決定支援の在り方についての指針』の検討状況」〔二〇一九年一一月〕成年後見制度利用促進専門家会議第二回中間検証ワーキング・グループ資料（https://www.mhlw.go.jp/content/12000000/000562754.pdf　二〇二〇年三月一日アクセス）。

参考文献

岩間伸之（二〇一二）「成年後見制度と社会福祉――その接点から新たな可能性を探る」『大原社会問題研究所雑誌』六二七、一九‐二九頁。

瓦井昇（二〇〇三）「ソーシャルワーク・アドボカシーの理論と実践の戦略」『日本の地域福祉』一六、七一‐七八頁。

介護支援専門員（ケアマネジャー）の資質向上と今後のあり方に関する検討会（二〇一三）「介護支援専門員（ケアマネジャー）の資質向上と今後のあり方に関する検討会における議論の中間的な整理」（https://www.mhlw.go.jp/stf/shingi/2r98520000002s7f7-att/2r98520000002s7go.pdf　二〇一八年八月二六日アクセス）。

菊池馨実（二〇一四）『社会保障法』有斐閣。

菊池馨実（二〇一九）『社会保障再考――〈地域〉で支える』岩波書店。

厚生省社会局老人福祉課監修（一九八七）『改訂 老人福祉法の解説』中央法規出版。

厚生労働省社会・援護局地域福祉課（二〇〇七）「福祉サービス利用援助事業について」（https://www.mhlw.go.jp/shingi/2007/11/dl/s1119-7e.pdf 二〇一八年八月二六日アクセス）。

厚生労働省社会・援護局地域福祉課生活困窮者自立支援室（二〇一五）「新たな生活困窮者自立支援制度に関する質疑応答集」問80・83（https://www.mhlw.go.jp/content/000362615.pdf 二〇一八年八月二六日アクセス）。

厚生労働省社会・援護局地域福祉課成年後見制度利用促進室・障害保健福祉部障害福祉課地域生活支援推進室・老健局総務課認知症施策推進室（二〇一九）「意思決定支援及び後見人等の担い手確保に関する取組状況」成年後見制度利用促進専門家会議第2回中間検証ワーキング・グループ資料3（https://www.mhlw.go.jp/content/12000000/000562755.pdf 二〇二〇年三月一日アクセス）。

後藤玲子（二〇一七）「福祉における情報の壁――自治体の事例調査に基づく考察」『社会政策』九(二)、一三五‐一四六頁。

最高裁判所事務総局家庭局（二〇二〇）「成年後見関係事件の概況――平成三一年一月～令和元年一二月」。

菅富美枝（二〇一〇）『イギリス成年後見制度に見る自律支援の法理――ベストインタレストを追求する社会へ』ミネルヴァ書房。

菅富美枝（二〇一一）「イギリスの成年後見制度にみる市民社会の構想」『経済志林』七八(三)、三四一‐三七五頁。

田中耕太郎編著（二〇〇八）『ソーシャルワークと権利擁護――福祉を学ぶ人へ』ふくろう出版。

日本弁護士会連合会第五八回人権擁護大会シンポジウム第二分科会実行委員会（二〇一五）「『成年後見制度』

から『意思決定支援制度』へ——認知症や障害のある人の自己決定権の実現をめざして」。

橋本宏子（一九九五）『福祉行政と法——高齢者福祉サービスの実態』尚学社。

平田厚（二〇〇八）「福祉サービス契約をめぐる成年後見制度と地域福祉権利擁護事業」野田愛子・味村太市総編『親族Ⅱ』（新家族法実務体系②）新日本法規出版、五一八-五三三頁。

椋野美智子ほか（二〇一七）「イギリスの貧困地域における民間非営利団体の活動——オックスフォードの事例（二）、（三）」『福祉社会科学』九、七七-一〇〇頁。

Independent Mental Capacity Advocate（IMCA）HP（https://www.scie.org.uk/mca/imca/　二〇一七年一二月二二日アクセス）。

Social care institute for excellence（2014）"Care Act 2014: Commissioning independent advocacy-easy read summary"（https://www.scie.org.uk/care-act-2014/advocacy-services/commissioning-independent-advocacy/easy-read/commissioning-independent-advocacy-easy-read.pdf　二〇一八年八月二六日アクセス）。


（椋野美智子）

第5章　現金給付とサービス給付
——生活困窮者支援におけるニードと資源

本章では、生活困窮者支援の領域における現金給付とサービス給付の機能や位置関係を捉える視角について提起し、実際の生活困窮者支援の事例を交えつつ、生活困窮者支援の枠組みや関連する論点の検討を行う。

本章の構成は次のとおりである。まず第1節において、社会政策におけるニードの充足方法としての現金給付と現物給付、そして現物給付の中のサービス給付について概念的な整理を行った上で、相談援助というサービス給付の機能と位置づけの捉え方について提起する。

次に第2節では、生活困窮者が抱える多様で複合的なニードとそれに対する包括的な支援の枠組みについて検討を行う。ニードと資源は実際には有効に結び付くとは限らないことを指摘した上で、生活困窮者のニードと現金給付・現物給付等の資源とを結び付けるにあたって、相談援助というサービス給付が各局面で重要な役割を果たすことを論じる。

最後に第3節では、支援の経過や状態変化のプロセスといった時間軸を重視して、相談援助を経て現金給付や就労機会が確保された後の段階におけるニードや支援について検討を行う。特に、就労開始後の相談援助、家計の収入面とともに支出面も視野に入れた相談援助、日常生活のプロセスに寄り添った継続的な相談援助に着目し、それらの意義を明らかにする。

1　社会政策における現金給付とサービス給付

(1) 社会政策におけるニードの充足方法

生活困窮者自立支援制度の導入時や施行後に議論されてきた主要な論点の一つは、生活保護制度と異なって、基本的に現金給付を行わない生活困窮者自立支援制度が、いかにして生活困窮者支援の実質的な機能を果たしうるかという点である。総合相談や就労支援等のサービス給付を中心とする生活困窮者自立支援制度と、現金給付を行う生活保護制度は、現時点においては併給が認められておらず、両方の給付を必要とする場合への対応の枠組みは、政策面でも支援実践面でも検討課題として残されている（垣田 二〇一六：五三-五四）。

このようにみた場合、はたして現金給付とサービス給付は、並列されてどちらかを選び取るような対立的な二項といえるであろうか。この問題関心に基づいた課題提起に先立って、まず、本章のキーワードである現金給付とサービス給付について概念的な整理をしておきたい。図5-1に示したとお

図5-1　社会政策におけるニードの充足方法

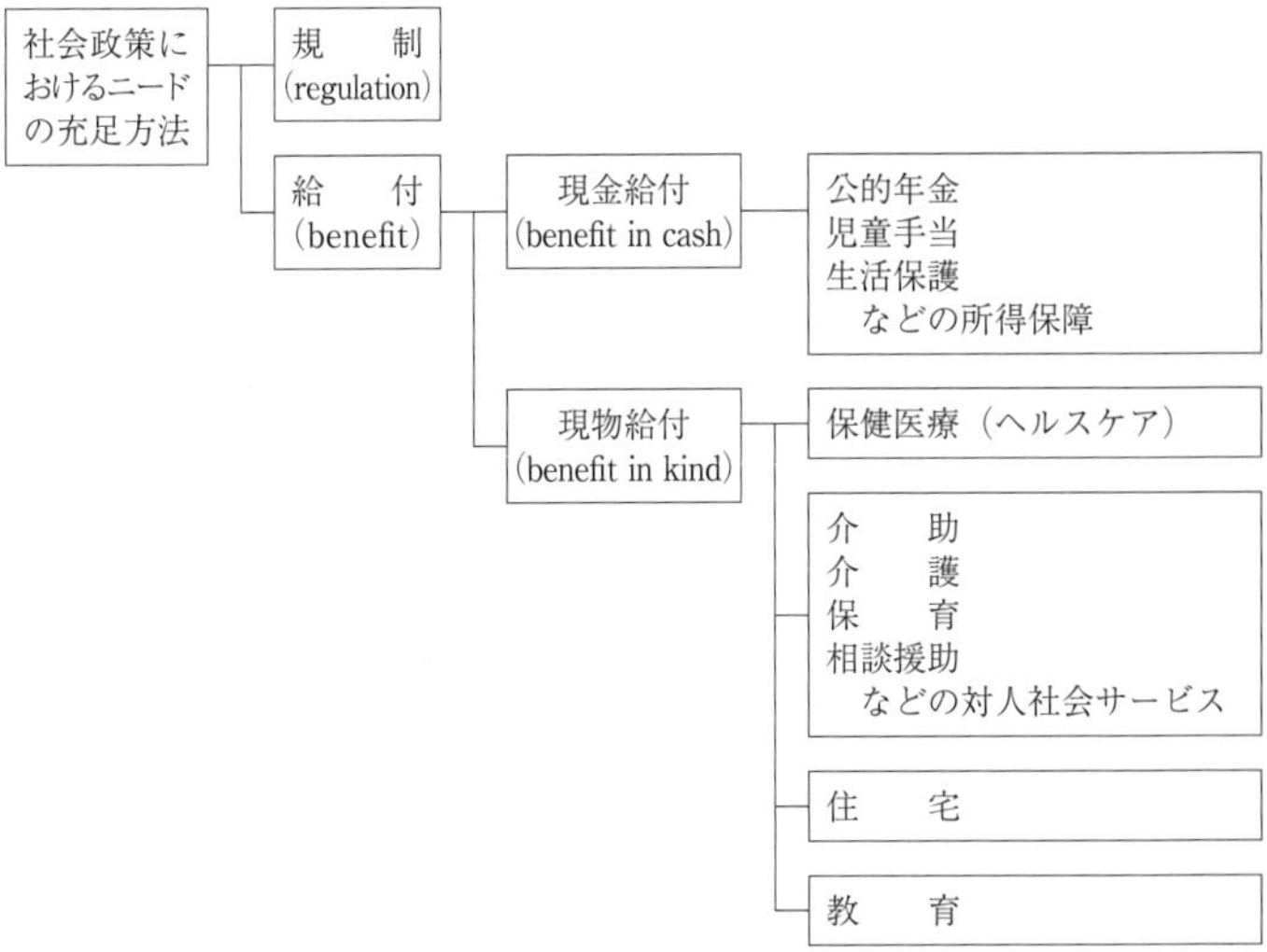

出所：平岡（2011）および武川（2011）に基づいて筆者作成。

り、社会政策[1]においては、ニード（必要：need）の充足方法として規制（regulation）と給付（benefit）があり、そのうち規制の具体例には労働時間や賃金に規制を課す労働基準法や最低賃金法が挙げられる。他方で給付には、金銭の支給という形態をとる現金給付（benefit in cash）と、物品の支給やサービスの提供という形態をとる現物給付（benefit in kind）という二つの形態がある（平岡 二〇一一：四三八-四四二）。現金給付は公的年金や児童手当、生活保護などの所得保障を指し、現物給付には保健医療（ヘルスケア）のほか、対人社会サービス（personal social services）としての介助や介護、保育、相談援助、さらに住宅、教育などが含まれる（武川 二〇一一：一六三-一六五）。この図の整理に基づくと、生活困窮者自立支援制度における総合相談や就労支援等のサービス給付は、現物給付の中の対人社会サービスとしての相談援助が該当することになる。

このような給付の分類を示す際に想起されるのは、第二次世界大戦後の各国の社会保障制度に多大なインパクトを与えた、イギリスの『ベヴァリッジ報告』（一九四二年）である。この報告書の著者ウィリアム・ベヴァリッジは、戦後イギリスの社会保障のターゲットに五つの巨悪（five giant evils）を掲げ、その内容として窮乏（Want）、疾病（Disease）、無知（Ignorance）、陋隘／不潔（Squalor）、無為（Idleness）を挙げている（Beveridge 1942: para. 456）。武川正吾は、これらのニードに対してそれぞれ所得保障、保健医療、教育、住宅、雇用機会といった資源が対応すると整理した上で、今日ではこの五分類に加えて能力障害（ディスアビリティ）を取り上げるべきとし、それに対応する資源として対人社会サービスを位置づけている（武川 二〇一一：八四-八五）。

（2）現金給付とサービス給付は並列的・対立的な二項か

現金給付とサービス給付は、社会政策もしくはその中の社会保障制度における給付の二本柱として現金給付と現物給付が位置づけられているためか、それぞれが並列的あるいは対立的な二項として想定されがちである。

本章で提起したいのは、現物給付の中の相談援助というサービス給付が、現金給付や現物給付が日常生活に寄与する上で極めて重要な機能を果たすという位置づけと意義である。本章で取り上げる生活困窮者支援の領域においては、現金給付とサービス給付は、かならずしも並列的・対立的な関係ではなく、しばしば補完的・媒介的な関係にあることが特徴的といえる。

すなわち、現物給付の中の相談援助というサービス給付は、それ自体が相談援助として対人社会サービスの機能を果たすとともに、公的年金や生活保護等の現金給付や保健医療等の現物給付が生活困窮からの脱却や日常生活の安定化に寄与するための補完的・媒介的な機能も果たす。たとえば、何らかの困難を抱えていて年金や保護費を自身が単独で計画的に使うことができない者に対して、家計の遣り繰り等の相談援助を提供することによって、安定的な日常生活が実現するということが想定できる。この例でいえば、相談援助というサービス給付が提供されることによって、年金や保護費という現金給付が安定的な日常生活の実現に寄与することになる。言い換えれば、相談援助というサービス給付が媒介することによって、現金給付という資源が受給者のニードを充足し、つまり社会政策が実質的に機能することとなる。

このように整理すると、現金給付とサービス給付は、並列されてどちらかを選び取るような対立的な二項ではない。あくまで現金給付は、文字どおり現金が給付されることであり、給付を受ける者の手元に現金が届くことにすぎない。そのため、給付を受ける者がその現金を用いて安定的・計画的な家計の遣り繰りを行いうるとは限らず、場合によって現金給付は、それのみでは日常生活上のニードを充足する機能を果たしえないことになる。このような現金給付とサービス給付の機能や位置関係について、実際の生活困窮者支援の事例を交えた検証は、のちほどあらためて行う。

(3) 生活困窮者自立支援という相談援助のサービス給付

二〇一五年四月に施行された生活困窮者自立支援法は、生活保護受給に至っていない生活困窮者を対象とし、主に現金給付ではなく、相談援助のサービス給付によって個別的な自立支援を行うことを目的としている。具体的には、この制度においては総合相談や就労支援等のサービス給付が中心とされており、現金給付については住居確保給付金を除いて行わないとされている。さらに、例えば子どもの学習・生活支援事業において、制度の費用で食事や学用品などの現物を個人に対して給付することは認められていない。なお、同法でいう生活困窮者とは、「現に経済的に困窮し、最低限度の生活を維持することができなくなるおそれのある者」であり(同法第三条第一項)、自立支援とは、単に就労による経済的自立に限らず、日常生活面や社会生活面での自立を含めた、幅広い内容を指している。

他方で、生活保護制度は、生活に困窮する者に対する最低所得保障と自立助長の二つを目的に掲げている(生活保護法第一条)。最低所得保障として現金給付が行われ、自立助長については相談援助というサービス給付の充実化がかねてから求められている。

そもそも生活困窮を抱える者に対しては、それが生活困窮者自立支援制度の対象であれ生活保護制度の対象であれ、現金給付とサービス給付の二本柱での対応の枠組みが求められるにもかかわらず、前述したとおり生活困窮者自立支援制度の利用者については、生活保護の併用は認められていない。

　生活困窮者自立支援制度が現金給付をともなわない点については、しばしば批判的な意見が示され、それはもちろん、現金給付のニードを持つ者に対してサービス給付のみで対処しようとするのであれば、もっともな主張ともいえる。ただし、生活困窮者自立支援制度の実績について全国的にみると、総合相談等の相談援助の結果として生活保護制度の利用に結び付いている場合が少なくない。さらに、生活困窮者自立支援制度におけるサービス給付の実例を検証すると、年金等の現金給付や稼働所得を有する者に対する総合相談や就労支援等のサービス給付の機能や効果の重要性が浮き彫りとなる。生活困窮者自立支援制度は、それが単独で支援を丸抱えして行うのではなく、ニードのアセスメントをふまえて、生活保護など他制度への照会、年金など他制度との併用、稼働所得の活用などを交えた、いわば横断的な資源のアレンジが相談援助というサービス給付によって支援を行う枠組みとして捉えることができる。

2　生活困窮者の複合的なニードに対する包括的な支援

(1)　事例の調査方法

　ここで取り上げる事例は、生活困窮者自立支援法の施行に先立って二〇一三～一四年度に実施された生活困窮者自立促進支援モデル事業、そして同法施行後の二〇一五年度からの制度実施の下で、ある地方公共団体において一定程度の支援が行われた二五ケースである。このうち、支援プランに基づく相談援助対象は一三ケースで、支援プランの作成や同意には至っていないものの、実際には相談援助を継続しているのが一二ケースである。

　なお、ケースの情報については、主に二〇一四年度以降に筆者が携わった複数の研究プロジェクトにおいて、関連機関へのインタビュー調査や現地調査によって把握したものである(2)。当事者のプライバシーを保護し、個人が特定されないように匿名化するため、以下においては相談援助のプロセスや場面ごとに切り分けてケースを取り上げる。さらに、必要に応じて、ケースの具体的な情報の提示を控え、あるいは情報に加工を施すことにする。

（2）生活困窮者の抱えるニードの多様性・複合性

この地方公共団体の総合相談（生活困窮者自立支援制度の自立相談支援事業）の相談窓口に辿り着いた際のケースの状態をみると、次のように、いずれも多様で複合的なニードを抱えている様子がうかがえる。現金給付かサービス給付のいずれかのみで対処できたり、単一のサービス給付のみで対処できるようなケースは、調査を行った限りでは見当たらない。

具体的な事例を示しておこう。まずは、電気やガス等のライフラインの停止や、所持金や食料が尽きるといった、逼迫した困窮状態のケースである。

- 母子世帯。料金滞納でガス等が停止。所持金二〇円足らずで食料もない。母は知的障害の疑いあり。緊急つなぎ貸付と食料支援を行うも、すぐ費消。
- 母子世帯で小学生の子二人。母は知的障害の疑いがあり、家計管理や家事が困難。電気・ガス代や家賃を滞納。子の食事はカップ麺が多い。

これらのケースはいずれも経済的に困窮しており、何より日常生活に必要な現金を確保することが求められる。その手段として、例えば就労支援による稼働所得の確保のほかに、生活保護制度の利用などが想定されるものの、筆者が調査した中では、実際には抵抗感などによって本人が生活保護利用を拒むケースが少なくない。合わせて、これらのケースの場合は、就労もしくは生活保護などによって現金を確保することができたとしても、母親の知的障害の疑いを視野に入れた相談援助や関連サービスの提供が求められよう。現金とサービスの両者のニードを抱えるケースを他にも示すと、次のとおりである。

- DVから逃げてきた母子世帯。ひきこもり状態の子が二人。母は最低賃金レベルの時給で働き、月八万円程度の収入。生活費が足りず、夕食は子だけに食べさせ、本人は食べない。
- 統合失調症の三〇代男性。精神科入院・通院歴あり。親の稼働所得で生活。世帯は電気代等を滞納。本人には幻覚や幻聴があり、自傷行為に及んだことがきっかけとなって、親が相談に来所。

これらのケースをみると、経済的困窮に合わせて、ひきこもり状態や統合失調症を抱えており、まさしく複合的なニードに対する包括的な支援が求められる状態といえる。特に、経済的困窮に対処する際に、就労や所得保障などによる現金収入の確保のみでなく、その現金を用いて安定的な日常生活を送ることができるような相談援助の提供を想定する必要があろう。現金の収入と支出を視野に入れた相談援助のあり方に関しては、次節であらためて取り上げる。

（3）生活困窮者支援におけるニードの充足――伴走型支援の枠組みと機能

社会政策は、個人の生活に働きかける機能として、理論的には、各種のニードに対して、それに対処する制度や機関等の資源を用いてニードの充足や解消を図るものとして説明される。ここで登場するのは、個人が抱えるニードと、制度・機関等の資源という二者である。そのうち個人が抱えるニードには経済的困窮や疾病・障害等が含まれ、他方で制度・機関等の資源として現金給付・現物給付や関連相談窓口などが用意される。

しかしながら実際には、これらのニードと資源の二者が適切かつ効果的に結び付くとは限らない。その理由は、一つには、ニードを抱える本人が、自らのニードの充足や解消に資する制度・機関について知らない、知っていても利用しない場合があるためである。さらに、制度・機関は専門分化していて、いわゆる縦割りになっており[3]、本人が必要とするすべての制度・機関の利用に至らないこともある。ここで確認しておきたいのは、本人が必要とする制度・機関に結び付かないことが実際にありうるという点である[4]。そこでは、本人が抱えている様々なニード（まさしく複数形のニーズ needs）を自ら整理して包括的に認識できていない場合も少なくない。

ニードと資源の二者が適切かつ効果的に結び付くとは限らない理由の二つ目は、ニードと資源が結び付いたとしても、ニードに対して現金やサービスなどの資源が有効に機能しない場合があるためである。例えば、アルコール依存症やギャンブル依存症を抱える者が年金や保護費などの現金を手にした場合に、自身が単独で計画的に家計を遣り繰りできるとは限らない。あるいは、精神科医療に結び付いたものの定期的な通院や服薬の継続が本人単独では困難なケースもみられる。つまり、ニードに対応する資源を用意し、実際にニードを抱える本人に供給したとしても、それが本人の生活困窮からの脱却や日常生活の安定化に寄与するとは限らない。

以上のように、ニードと資源の二者は、実際には有効に結び付くとは限らない。その二者が結び付き、資源がニードの充足・解消に寄与するためには、もう一者を追加して登場させた枠組みが必要と考えられる。それが、筆者らが提唱してきた伴走型支援の枠組みであり、その概念図が図5-2である。(5) ここでは、ニード（対象者）と資源（現金給付・現物給付）の二者を媒介する位置に、相談援助のサービス給付（支援者）を入れ込んでいる。

伴走型支援の枠組みの特徴は、ニードを抱える生活困窮者（対象者）が複合的に抱えているニーズや困難を仕分け（アセスメント）、対象者が必要とする所得保障や福祉サービスなどの資源に結び付け、包括的なパッケージとして対象者を支援する環境をコーディネートするといった機能を盛り込んでいる点にある。支援者は、ニードを抱える対象者を制度・機関等の資源にひとたび結び付けて役割を終えるのではなく、アフターフォローとして、対象者に寄り添って伴走しながらその後の状況や変化を見守り、場合によって制度・機関等の利用に結び付けたり利用を止めたりする（「つなぎ・戻す」）など、必要に応じて支援を継続的に行う。

図５－２　伴走型支援の枠組みと機能

包括的な支援を個別的にコーディネートして継続的に提供する<伴走型支援>の枠組みと機能

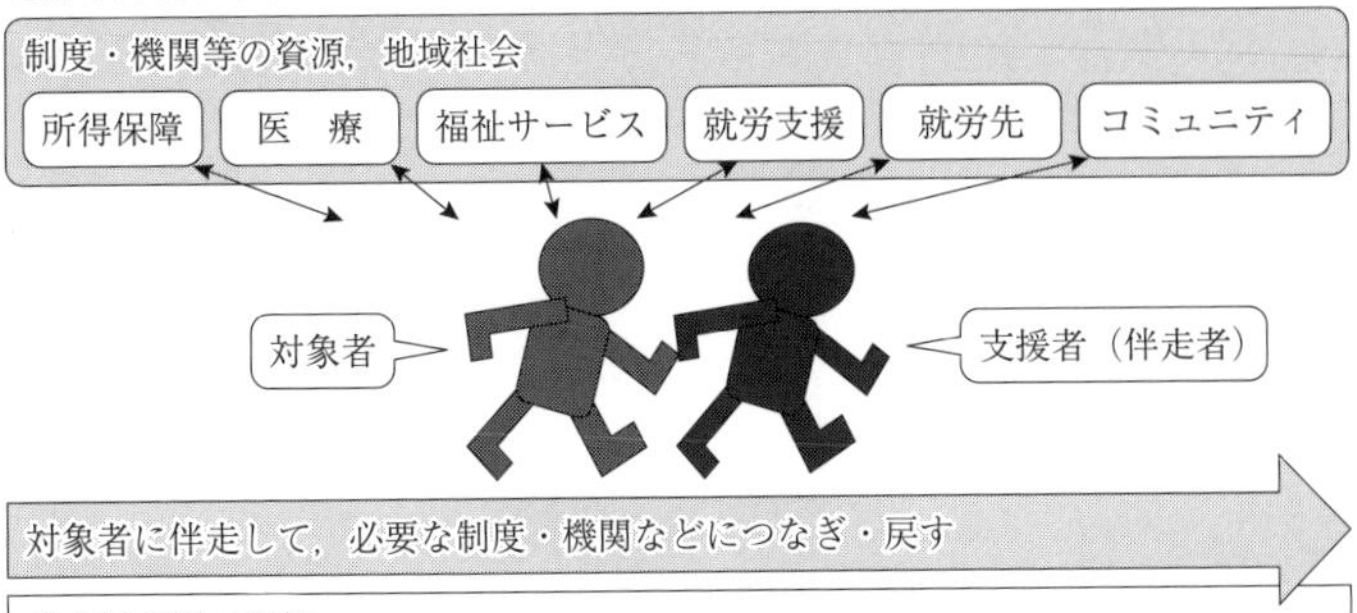

伴走型支援の機能
◆領域横断的なワンストップの総合相談
◆アセスメント（複合的な困難・ニーズの仕分け）
◆個別的・包括的支援のコーディネート（必要な制度・機関等の資源につなぎ・戻す）
◆アフターフォロー（対象者に寄り添って状況や変化を見守り，必要な支援を継続的に行う）

出所：北九州ホームレス支援機構（2013），奥田（2014）を基に筆者改変。

このように、伴走型支援の枠組みにおいては、支援者が提供する相談援助のサービス給付によって、対象者がその時々に抱えているニードに対処する現金給付・現物給付等の資源に結び付けられている。かならずしも有効に結び付くとは限らないニードと資源の二者の間の媒介的な立ち位置に相談援助を置くことで、生活困窮者支援におけるニード充足を着実に図るモデルの一例といえる。

ここで特に着目しておきたいのは、相談援助（支援者）がニードと資源を媒介する役割を担い、しかもそれが一時的な媒介にとどまらず、支援の経過や対象者の状態変化のプロセスという時間軸において、対象者がその時々に必要とする資源に結び付けるといった機能を動態的に果たしている点である。この経過やプロセスといった時間軸を交えた検討を次節で掘り下げることとする。

3　ニードに応じた資源の確保とその後——日常生活のプロセスを支援するという視点

相談援助を経て現金給付や就労機会が確保された後の段階、すなわちニードに応じた資源がひとたび確保された後の段階において、実際にどのような状況がみられ、どのような支援が行われているか。ここでは、支援の経過や対象者の状態変化のプロセスという時間軸を重視し、前節に引き続き支援事例に即して、生活困窮者支援の視点と枠組みの検討を行う。

(1) 就労開始後の継続的な相談援助

まず着目したいのが、就労支援という相談援助の結果、就労を開始して賃金を得ることとなったケースについて、その後も相談援助を継続的に提供することによって就労と稼働所得の持続を図っている点である。筆者の調査によれば、その際に支援者が重視しているのは、例えば、就労にともなう負荷で心身のバランスを崩していないか、就労先で無断欠勤等のトラブルを起こしていないか、就労する目的や働き甲斐を持つことができているか、などの点に留意することという。

就労開始後の継続的な支援を行う上で重要なのは、本人の状態や変化を把握して、その時々に的確なアセスメントを行い、必要に応じた相談援助を提供することである。就労開始後の状態把握について、就労を継続する上で配慮や支援を要する例をみると、次のとおりである。

- 発達障害の疑いのある四〇代男性。就労体験で挨拶や会話が困難、指示待ち。支援者が頻繁に事業所を訪問して、本人の様子の把握、事業所とのミーティングなどを行う。
- 母子世帯。通勤時に、支援者が属する相談機関の前を通るので、支援者が日々顔を合わせ、仕事や生活の様子を尋ねて見守っている。
- 三〇代男性。パニック障害を抱えており、職場での指示に対応できないことも。仕事帰りに支援者に話すとスッキリした様子。支援者いわく、就労にはガス抜きが必要。

これらのケースにみられるように、生活困窮者に対する就労支援は、就労開始後も継続して行われており、就職や就労開始がかならずしも支援のゴール（終着点）とならないことが明らかである。就労する本人の状態変化やストレス等を捉え、あるいは就労することによって新たに生じるニードに着実に対処できるような、継続的な相談援助の枠組みと視点が重要といえる。

（2）収入面と支出面を視野に入れた相談援助――現金・現物の供給と消費という論点

筆者が以前に提起したとおり、生活困窮者支援において経済的困窮を解消する上で、就労や現金給付などによる収入の確保はいうまでもなく重要であるものの、それとともに支出の面に関するニードにも目を向ける必要がある（垣田 二〇一六）。例えば次のように、就労支援によって就労と収入の持続を図りつつ、家計の遣り繰りを含めた相談援助を提供することで、生活がより安定するようになったケースがある。具体的には、就労支援と並行させて、家計相談支援を担当する支援者が日々の食生活や支出の節約に関する相談援助を行っている。

・支援付き就労に通うようになった二〇代男性。食事は、朝は食べない、昼はカップ麺、夜はスーパーの弁当。節約と栄養バランスを目的に家計相談支援を並行させ、自炊や買いもの等の助言を行う。

このケースについては、ひきこもり状態を脱却して就労するようになった結果、一定の稼働所得を確保できるようになったものの、健康な食生活や計画的な家計遣り繰りのために支出面を視野に入れた相談援助が提供されている。

現金給付や稼働所得などの収入は、あくまで家計に投入されるものであり、その現金収入が実際に安定した生活資料となるために、日常生活の支出面での相談援助が求められるケースが他にもみられる。これは現物給付にも関わるもので、例えば支援者が本人を医療や介護、障害福祉サービスの利用に結び付けたとしても、その後にそれらのサービスが実際にニードに対処しているか、あるいは継続的な利用が適切かなどといったモニタリングが必要となり、特に本人の家族等が介在しない場合には、そこで相談援助に求められる役割は大きい。現金給付・現物給付ともに一時点の結び付けや供給にとどまらず、本人に寄り添って日常生活のプロセスを見渡す相談援助が重要といえる。

どちらかといえば、社会政策や社会保障制度の議論においては、現金給付や現物給付を供給する際の仕組みや水準、内容等に関心の多くが向けられてきた印象がある。現金や現物が支給もしくは確保される局面を〈現金・現物の供給〉と表現するならば、何らかの支給もしくは確保された現金（例えば、社会保障制度の現金給付に加えて、稼働所得、貸付によって手にした現金）や現物を用いて実際に生活を送る局面、つまり〈現金・現物の消費〉を視野に入れた社会政策や社会保障制度の議論が、これまで十分に展開されてこなかったのではなかろうか。現金・現物は供給されるだけでなく消費されることで、日常生活のプロセスの一環が成り立つ。現金・現物の供給と消費の双方を視野に入れて日常生活のプロセスを支援する上では、ここでみたケースのように、相談援助というサービス給付が欠かせない。生活困窮者支援の実践は、現金・現物の供給と消費をめぐる論点の重要性を惹起しているといえる。

(3) 日常生活のプロセスに寄り添った継続的な相談援助の意義

先に伴走型支援の枠組みでみたように、生活困窮者支援においては概ね、本人の何らかのニードを制度・機関等の資源にひとたび結び付けて、それで支援が完了とはならない。何らかの現金給付や現物給付に結び付いた後、または就労を開始したり、ひきこもり状態から脱して社会参加を開始した後の段階において、本人の心身の負担や状態の変化を支援者がアセスメントした上で必要に応じて相談援助を継続したり、支援パッケージの変更などを行う。場合によっては、現金給付や現物給付の必要性が低下すれば（生活保護の受給や、医療機関の通院・入院など）、制度・機関の利用を止める役割も相談援助が果たすこととなる。

このように、生活困窮者支援の中核となるのは、その時々に本人が必要とする現金・現物給付や相談援助を、必要な限りにおいて継続的に提供する点である。そのため生活困窮者支援には、日常生活のプロセスに寄り添って状態の変化や安定度合いを把握することが求められ、その点では生活困窮者支援そのものがプロセスといってよい。

ここで、いわば日常生活のプロセスを支援するという視点について、その意義を次のケースから捉えてみたい。

一つ目のケースは、正規雇用に就いたものの毎月の生活費が不足しがちな世帯に対して、家計相談支援を継続的に提供することによって、計画的な遣り繰りができるようになった例である。その結果、それまで余裕がなくて買えなかった子どもの自転車を買うことができ、日常生活の充実感からいっそう仕事の意欲が増し、資格を取得して昇給したという。

・母子世帯で小学生の子二人。正規雇用。月一回面談の家計相談支援で遣り繰りができるように。貸付償還や滞納処理の見通しがつく。「子どもに自転車を買えた」と喜ぶ。

このケースでは、継続的な家計相談支援の意義として、生活困窮からの脱却や日常生活の横這い的な安定にとどまらず、生活や仕事の面で水準や質が活気づいて向上している様子がみられる。次の二つ目のケースも、家計相談支援を継続的に提供して効果がみられた例である。支援者によれば、家計を再建するための短期的な目標を本人と一緒に立て、その達成状況や成功体験を共有することで信頼関係を積み重ねてきたという。その信頼関係をベースとしてその後も家計相談支援を継続させ、公共料金等の滞納やローンの処理などの中期的な目標も達成することができたという。

・母子世帯で小学生の子二人。仕事は順調に続くが外食や買いもので使いすぎてしまう傾向。支援者が定期的に面談や自宅訪問を行って継続的に遣り繰り相談。滞納やローンの支払いを終え、買いもので使いすぎることもなくなった。

全国的にみても、家計相談支援は、本人の支出の自由度に制約をともなうことなどから、利用が敬遠されがちである。このケースでは、支援者が地道に本人に寄り添って短期的な家計再建の成功体験の共有などをとおして信頼関係を築き、それがその後の中期的な家計再建という本人のニードの表出につながった（本人が家計相談支援の継続利用を了承した）と捉えることができる。仮にそれまでの家計再建の達成感や支援者に対する信頼感がなかったとすると、本人は中期的な家計再建を諦めていたかもしれないし、家計相談支援の継続利用を拒んだかもしれない。このケースからは、日常生活のプロセスに寄り添って継続的に相談援助が行われた結果、さらに次のニードが支援者に表出され、引き続き相談援助が提供されることでニード充足につながったという意義がみられる。

以上のように、日常生活のプロセスに寄り添った継続的な相談援助の意義として、ニードに応じた資源が確保された後の段階における新たなニードの把握や充足といった機能のみでなく、日常生活の充実感や活気を引き出したケースや、信頼を置く支援者に対してニードの表出がなされたケースのように、相談援助が本人の生活や支援の道筋にとっての可能性を導き出しうる面を捉えることができよう。

本章では、生活困窮者支援の領域において、いわばマクロの制度とミクロの相談援助を一体的に視野に入れ、並列的あるいは対立的な二項として想定されがちな現金給付とサービス給付の位置関係や機能の捉え方について提起を行った。なかでも、生活困窮者支援が実質的に機能する上で相談援助というサービス給付が果たす役割に着目し、生活困窮者の複合的なニードに対する支援の枠組みや相談援助の意義について、実際の生活困窮者支援の事例を交えて検討を行った。
本章で取り上げた現金給付とサービス給付の位置関係や、生活困窮者支援の実践は、いかにニードを充足するかという社会政策の原理的な問いに関して、様々な示唆やメッセージを投げかけてくれている。相談援助というサービス給付を社会政策や社会政策研究にしっかりと組み込み、資源によるニード充足を着実に機能させて安定的な日常生活への寄与を見通しうるパースペクティブの追究が、今日的な課題であり展望の手掛かりといえる。

注

(1) 社会政策と社会保障制度、そして本書のタイトルにある福祉政策といった語句とその範疇について、本章では、規制と給付で構成される社会政策の体系のうち、給付（現金給付および現物給付）の部分に含まれる各制度を社会保障制度、それらに関する政策を福祉政策として整理している。
(2) 複数の研究プロジェクトとは、第一に、厚生労働省セーフティネット支援対策等事業費補助金（社会福祉推進事業）「地域協働による多元的・多層的な就労支援・社会的居場所創出ネットワーク構築に関する調査研究」（二〇一四年度、一般社団法人協同総合研究所）、第二に、科学研究費補助金基盤研究(C)「行政・社会福祉法人と連携した生活困窮者支援策の開発・推進に関する実証的研究」（二〇一四〜一六年度、研究代表者：椋野美智子）、第三に、科学研究費補助金基盤研究(C)「新たな生活困窮者支援策の検証と生活保護・ホームレス対策を含めた支援体系のあり方」（二〇一四〜二〇一七年度、研究代表者：垣田裕介）である。本章は、これらの研究プロジェクトの成果の一部である。なお、本章で取り上げる事例を用いた分析としては、すでに垣田（二〇一六）を発表し、その前段階に中間的報告として垣田（二〇一四）を発表している。分析の前提の説明にあたる本章2(1)については、記述の一部がそれらと重なり合う内容であることを断っておく。

(3) 専門化すると制度や機関が縦割りになることは、一定程度は不可避であり、ここでは縦割りそのものを問題にしているわけではない。後述するように、ここでは、縦割りとなった諸資源に、いかにして複合的なニードを結びつけるかを論点としている。

(4) 児童虐待のように、緊急対応が必要とされるニードに対して、親等による介入の拒否などによって資源が結び付かないケースもある。筆者の調査でも複数のケースが確認された。垣田（二〇一六）を参照。

(5) 伴走型支援の提唱に至ったモデル事業の具体的な内容、伴走型支援の内容や効果、意義等の詳細な分析については、奥田ほか（二〇一四）、垣田（二〇一四）を参照されたい。

参考文献

大山博・武川正吾編（一九九一）『社会政策と社会行政――新たな福祉の理論の展開をめざして』法律文化社。

奥田知志（二〇一四）「伴走の思想と伴走型支援の理念・仕組み」奥田知志・稲月正・垣田裕介・堤圭史郎『生活困窮者への伴走型支援――経済的困窮と社会的孤立に対応するトータルサポート』明石書店、四二―九八頁。

奥田知志・稲月正・垣田裕介・堤圭史郎（二〇一四）『生活困窮者への伴走型支援――経済的困窮と社会的孤立に対応するトータルサポート』明石書店。

垣田裕介（二〇一四）「生活困窮者支援における相談支援のあり方と課題――伴走型支援のスキームと機能」社

会政策学会第一二九回（二〇一四年秋季）大会分科会（社会的排除／包摂部会）、於：岡山大学、二〇一四年一〇月一二日。

垣田裕介（二〇一六）「社会政策における生活困窮者支援と地方自治体」『社会政策』七(三)、四一-五五頁。

垣田裕介（二〇一八）「先駆的実践と歴史的研究が問う家計相談支援の視点と意味」埋橋孝文・同志社大学社会福祉教育・研究支援センター編『貧困と生活困窮者支援――ソーシャルワークの新展開』法律文化社、一三二-一三七頁。

北九州ホームレス支援機構（二〇一三）「孤立状態にある若年困窮者に対して社会参加および生活自立・社会的自立・就労自立を促す総合的伴走型支援に関する研究事業報告書」（厚生労働省平成二四年度セーフティネット支援対策等事業費補助金社会福祉推進事業）。

スピッカー、ポール／武川正吾ほか訳（二〇〇一）『社会政策講義――福祉のテーマとアプローチ』有斐閣。

武川正吾（二〇一一）『福祉社会〔新版〕――包摂の社会政策』有斐閣。

平岡公一（二〇一一）「ニード充足の方法と原理」平岡公一・杉野昭博・所道彦・鎮目真人『社会福祉学』有斐閣、四三七-四五四頁。

Beveridge, W. (1942) *Social Insurance and Allied Services. Report by Sir William Beveridge,* Presented to Parliament by Command of His Majesty, Cmd. 6404, London: HMSO.（筆者注：日本語訳として、山田雄三監訳『ベヴァリジ報告――社会保険および関連サービス』〔至誠堂、一九六九年〕、一圓光彌監訳『ベヴァリッジ報告――社会保険および関連サービス』〔法律文化社、二〇一四年〕がある。）

（垣田裕介）

第6章　国と地方・行政と民間
——多様な主体によるパートナーシップの構築

本章では、国と地方、行政と民間の役割分担が変化し、多様な主体によるパートナーシップの構築が課題となっていることを述べる。まず、第1節で福祉政策における国と地方の役割分担の変化、第2節で行政と民間の役割分担の変化について述べる。次に、第3節で生活困窮者自立支援における国と地方の役割分担、第4節で生活困窮者自立支援における行政と民間の役割分担について述べる。そして、第5節で、今後、行政、民間の多様な主体による新たなパートナーシップの構築が課題であることを述べる。

1　国と地方

(1) 地方分権の流れ

支援が圧倒的に不足している時代では、国が主導して支援を整備していくことが効果的である。各種社会福祉制度は創設当時は国の機関委任事務として画一的な国の基準で地方公共団体が実施した。支援は社会福祉施設への入所が中心であり、その社会福祉施設の運営費（措置費）の国庫負担率は生活保護と同率で八割と高率だった。運営費が支出される社会福祉施設の整備には1／2の国庫補助があったが、具体的な場所、図面、細かな設備一つひとつを国が審査して補助するかどうかを決める、強力な裁量権を国が持っていた。

ある程度サービスが整備され、地域ごとにその不足状況が多様となってくると、サービスの必要性を地方公共団体が判断して、地域の実情に応じて整備することが効率的となってくる。一方、地方公共団体でも、経済成長による税収の増や交付税措置により財政が改善され、職員体制も整備され、福祉の事務が仕事として定着してきた。そのような状況を背景に地方分権が進められ、福祉に関わる事務の多くは一九八六年の法改正により機関委任事務から団体委任事務に、さらに一九九九年の地方分権一括法により自治事務に変更されていった。また、実施主体も一九九〇年の福祉八法改正等により順次、都道府県及び市から市町村に一元化されていった。

厚生労働省から出される数多くの社会福祉関係通知の最後に「これは技術的助言である」とあるのは、通知は強制力を持たない助言に過ぎないこと、逆に助言であるから不当に地方公共団体に干渉するものではないことを確認のために付言しているものである。

また、地方公共団体の中で、老人福祉、身体者障害者福祉、知的障害者福祉は順次、都道府県及び市から基礎自治体である市町村に一元化されていった。

(2) 生活保護の事務

このような流れの中でも、生活保護の各種扶助の給付については、一九九九年の分権改革を経てもなお、自治事務ではなく、国の事務を法律によって地方公共団体が受託実施する法定受託事務として整理された。生活保護は、憲法第二五条の生存権を具現化する「国家責任による最低生活保障の原理」に基づく事務だからである。国庫負担率も他の社会福祉制度が1／2以下であるのに対して、3／4と高く、生活保護の事務を行う福祉事務所の現業員（ケースワーカー）の数は、その標準が被保護者数との割合で社会福祉法に定められている。

しかし、生活保護の事務の中でも「自立の助長」については法定受託事務ではなく自治事務とされている。「最低生活の保障」とは異なり、国家責任に基づくものではないことから「自治事務」という整理がなされたのであろう。「自立の助長」は「最低生活の保障」とともに生活保護法が目的に掲げるものであるが、近年まで、自立助長のための専門的支援の重要性についての認識は薄く、体制整備はほとんどなされてこなかった(1)。それどころか、生活保護は、年金と並ぶ所得保障、金銭給付の制度であるかのように捉えられ、生活保護の運用に当たる者もそれを批判する者も、関心は専らどうしたら不正受給などの濫給や水際作戦などによる漏給を防ぐかに終始していたように見える。

また、生活保護制度については都道府県から町村への分権も進まず、生活保護を実施する福祉事務所を設置する町村は、ながらく四カ所のみであり、平成の大合併を経ても四五カ所[2]、九三二町村の五%程度に過ぎない[3]。ほとんどの町村部の生活保護は今でも都道府県の福祉事務所によって実施されている。福祉事務所の設置主体を一般の町村まで下ろさなかった理由として、町村のような小地域では、ケースワーカーと申請者が知り合いであることも想定され、制度を厳正に執行しにくい、逆に申請しにくいとの懸念が挙げられる。

2 行政と民間

(1) 委託と指定

福祉分野での民間実施は、ながく「措置委託」が中心で行われてきた。福祉の「措置」すなわち地方公共団体による個々人への福祉サービスの提供は、市町村による直営か、社会福祉法人への委託として行われた。制度創設当初は直営が多かった社会福祉施設は、施設数の増加とともに社会福祉法人立が圧倒的に多くなり、措置委託が拡がって行った。

しかし、福祉の相談業務について委託が始まったのは他の福祉サービスの「措置委託」に比べると遅く、一九九〇年度の在宅介護支援センターを嚆矢とする。相談業務は制度の適用に付随するものとの認識が強かったからであろう。現在、在宅介護支援センターの後身ともいえる地域包括支援センターでは、約七割が委託である。(4)

地方公共団体が福祉サービスの提供を民間に行わせる仕組みとして、措置のように行政が民間主体にサービス提供を委託し、委託費を支払う方式のほかに、介護保険給付のように行政が指定した民間事業主体と利用者が契約してサービス提供を受け、その費用について利用者負担を除き地方公共団体が支払う指定方式がある。障害者の自立支援給付も介護保険と同様の指定方式である。委託方式の場合は、行政の意向を反映させやすい反面、事業者が利用者のニーズに弾力的に即応しにくいという面がある。指定方式では、その逆で、利用者の増加が民間事業主体の収入増につながるためにニーズ開拓に適している。行き過ぎれば、介護保険で一部見られたようなサービスの濫用にもつながる。

(2) 福祉事務所と民間委託

創設時の生活保護は、福祉事務所という専門行政機関、ケースワーカーという専門的人材を構想していたと考えられる。しかし、市町村合併により市部が大幅に増加し、全国にある一二五〇の福祉事務所のうち、都道府県立は二〇六カ所だけになっている。(5) 多くの市の福祉事務所は福祉部と一体化していて、部長や次長が福祉事務所長を兼務しているところが多く、専門機関としての独立性は感じられない。

またケースワーカーについても、公務員の人事制度の中で、専門性の高い人材の採用育成には限界がある。様々な分野の経験を積んで幹部に上がっていくという人事慣行の中では、福祉専門職を採用したり、一般行政職の職員の中から福祉の専門性を持った人材を育成したりして管理職に登用することが難しい。福祉職を採用している福祉事務所設置地方公共団体は約三八％あるが、応募が少ない、枠が制限される、移動先が限られている、ポスト、キャリア育成が難しいなどが課題として多く挙げられている（日本総合研究所 二〇一八）。したがって福祉職を採用していても現業員すべてを福祉職で確保できているわけではない。また、一般行政職で就職した職員にとってケースワーカーは不人気な職の際たるものともいわれ、桜井純理は、成果を挙げた生活保護担当職員への報酬は異動だという例すらあると報告している。(6) 数の面をみても、定数が抑制されている中で、ニーズに応じた増員は難しく、標準数が決められていても充足率は八九％（二〇一六年度）(7)、福祉事務所の三〇％（二〇〇九年度）は標準数を満たしていない。(8) 不足は特に市部の福祉事務所に多い。(9)

人員や専門性の不足の中では自立の助長までは十分手が回らず、しかし生活保護の業務は委託になじまないと考えられていた。二〇〇四年、自立助長の事務について国のモデル事業として自立支援プログラムが始まり、委託の導入も始まった。二〇〇九年度、就労支援業務については約一割の福祉事務所が外部委託をしている。(10)

3　生活困窮者自立支援制度における国と地方の役割分担

(1)　国と地方

生活困窮者自立支援制度は、他の多くの社会福祉制度や生活保護の自立助長と同様に、自治事務とされている。もちろん、自治事務であっても、法律やこれに基づく政省令には従わなければならない。しかし、生活困窮者自立支援法の条文は他の社会福祉諸法に比べてシンプルであって、法律に基づく政省令で定められている事項も少ない。生活保護法も比較的シンプルな条文であるが、法定受託事務であることから、膨大かつ詳細な処理基準で地方公共団体の運用を規定している。これらに比べて、生活困窮者自立支援制度は地方公共団体の制度運用の自由度が高い仕組みとなっているといえよう。

(2)　実施主体

生活困窮者自立支援制度の実施主体は福祉事務所を設置する地方公共団体であり、つまりは、生活保護の実施主体と同一である。しかし、福祉事務所未設置の町村部の実施を都道府県にする必要があるだろうか。生活保護制度との整合性、社会資源と専門的人材の必要性の二点から考えてみたい。

① 生活保護制度との整合性

生活困窮者自立支援制度は、生活保護と異なり対象者の線引きは厳格ではない。本章1(2)で述べたような、担当者が厳正な執行と知り合いへの情との間の板挟みに悩むような状況になることはあまり考えられない。逆に、相談者が知り合いに生活困窮を知られたくないと思うかどうかはケースによるが、静岡県や大分県のように町村域の総合相談が都道府県から町村社協に委託されている例[11]や一次相談窓口としての対応をしている町村が七割以上に上ることなど[12]から考えると、逆に身近に相談の場があるメリットが大きいと考えられる。

生活困窮者自立支援に取り組むことにより生活保護の給付費の削減につながり、実施体制の充実を図る財政的モティベーションを高めるとすれば、生活保護と実施主体を同一にする意味がある。しかし、町村部においては生活保護率が高い地域は少なく[13]、保護費減少がどの程度都道府県が熱心に取り組むモティベーションとなるかは疑問である。また両制度の実施主体が同一であることによって、生活保護の就労支援事業との一体的実施が進めやすいことも考えられるが、委託先を同一法人にすれば、制度の実施主体が別であってもさほど困難ではないだろう。

② 社会資源と専門的人材

町村は人口が少なく、一般的には社会資源や専門的人材が少ないと考えられる。

社会資源に関しては、町村では就労先が農業などに限られ、一般の住民も地方の中核的都市に通勤している者が多い状況がある。また、二〇一六年の社会福祉法改正によって社会福祉法人の地域貢献への取り組みが強まっているが、生活困窮者自立支援事業への協力が見込まれる社会福祉法人の数も町村では限られる。就労先の開拓では町村域を超えた広域的な取り組みも必要である。一方、町村部には公共交通機関が少なく費用も高いことなどを考えると、就労準備支援事業などできるだけ身近な地域で実施することが望ましいものもある。

専門的人材に関しては、老人福祉、身体障害者福祉、知的障害者福祉と、福祉の実施主体が都道府県及び市から市町村に一元化されてきた中、要保護児童対策（乳児院・児童養護施設・児童自立支援施設への措置）が対象者の少なさと専門性の高さを理由に都道府県に残されていることに照らして考えることができる。生活困窮者自立支援制度の新規相談受付件数は一カ月当たり人口一〇万人当たり一五件程度であるが、[14]極めてばらつきが大きい。人口規模や委託の有無にかかわらず、人口当たり支援員数が多いほど相談件数も多い[15]ことをみると、相当数の潜在的ニーズが存在すると考えられる。いずれにせよ、要保護の措置対象児童数ほどには少なくない。専門性については、生活困窮者自立支援事業の実施で行政職員に求められているのは、要保護児童の支援などに比べると、特定の分野の高い専門性というよりも総合力と地域資源のネットワークであり、基礎自治体である市町村の職員こそが強みとすべきものと考えられる。また、権限の裏打ちがないとできない要保護児童の措置とは異なり、実際の相談支援については介護保険や障害者支援と同様に外部の専門職の活用が可能であり、本章4

（1）で述べるとおり、実際に多くの都道府県や市が委託を行っている。

（3） 町村の役割

本節（2）で述べた状況と、本制度の目指す目標の一つは地域づくりであり「分権的・創造的な支援……（中略）……主役は地域であり、国と自治体、官と民、民と民が協働し、地域の支援体制を創造する」[16]ことを考え併せれば、本来は、地域に最も身近な基礎自治体である町村が、都道府県の広域調整の支援を受けながら実施主体になることが望ましいのではないかと考えられる。しかし、序章で述べられているような、前例のない設計思想に基づく新たな制度の実施主体をいきなり市町村にするのはハードルが高い。介護保険も新制度とはいえ、その前身の老人福祉、老人医療の実施主体が市町村であったからこそ市町村を実施主体とできたのであろう。

どこが直接の実施主体であっても、基礎自治体である市町村の本制度における役割は大きい。厚生労働省も、町村長宛の通知で、①生活困窮者の早期発見・把握、②一次窓口としての機能と自立相談支援事業等へのつなぎ、③町村における独自施策との連携による支援、④生活困窮者支援を通じた地域づくりについて協力を依頼している。[17]二〇一八年の法改正では、福祉事務所を設置していない町村が生活困窮者に対する一次相談等を行う事業が創設され、自立相談支援事業と同率の3／4の国費補助が行われる。

(4) 都道府県の援助義務

社会資源や専門的人材の不足という問題は、実施主体である小規模市にも存在し、担当者の研修やスーパーバイズ、委託先となるNPOなど地域資源の育成、複数市での共同実施の調整などの都道府県によるバックアップは不可欠である。法第四条第二項には、都道府県の責務として「必要な事業が適正かつ円滑に行われるよう、市等に対する必要な助言、情報の提供その他の援助を行うこと」が挙げられている。二〇一八年の法改正では、都道府県の市等の職員に対する研修や情報提供、助言等はそれまでの責務規定から一歩踏み込んだ具体的な事業としても位置づけられ、都道府県に実施の努力義務が課され、1/2の国庫補助が創設された。

厚生労働省の調査によれば、九四%の都道府県が任意事業実施促進の働きかけを管内一般市等に対して行い、九六%の都道府県は研修を実施している[18]。生活困窮者自立支援事業は町村部の実施主体が都道府県である場合が多く、都道府県は非都市部について実施主体としての知識経験を持っている。対象者の少ない事業についての広域実施など効果的な支援体制を組むことができるはずである。三四%の都道府県は任意事業について都道府県実施分との共同実施に向けた企画等を行っている[19]。

事例1　管内各市に任意事業の共同実施を提案した事例

熊本県では、生活保護の自立支援プログラムで蓄積された実績を活用して、県全体の事業の底上げを行うために、各市に対して任意事業の共同実施を提案。単独実施しない全市で共同事業が実施されることとなった。共同実施は県にとっては手続きが煩雑だが、市にとっては新規事業のハードルが下がり、受託事業者もノウハウの蓄積、経費の節減のメリットがある。ただし、市によっては当事者意識が薄く地域独自の取り組みにつながりにくい、受託事業者のなじみが薄い地域では活動が低調になりがちなどの課題もある（熊本県健康福祉部長寿社会局社会福祉課 二〇一八）。

4　生活困窮者自立支援制度における行政と民間の役割分担

（1）直営と委託

生活困窮者自立支援事業の直営と委託の得失は、事業によっても異なるが、次のように整理できる。

①　直　営

直営のメリットとしては、庁内の様々な課との連携が取りやすいことが挙げられる。連携先の課としては、生活保護担当課、税、水道、国民健康保険、保育料などの債権管理担当課、障害福祉、子育て支援などの福祉担当課、商工担当課、教育委員会などが挙げられる。また、企業等に協力を依頼する場合、市職員という肩書があった方が受け入れられやすい。

デメリットとしては、福祉事務所について本章2（2）で述べたように、職員の増加が定員に縛られて困難であり、担当者の人事異動によって専門性の確保が困難であることが挙げられる。

② 委　託

委託の状況は一部委託も含めると、自立相談支援で六五%、就労準備支援で九二%、家計相談支援で八八%、一時生活支援は施設方式シェルターで八七%、借上げ方式シェルターで五二%、子どもの学習支援で七八%に上る(20)。委託方式の得失は、事業及び委託先によって異なるが、共通していることは、直営に比べると、職員の増加と専門性の確保に取り組みやすいこと、寄付金等の税以外の財源を用いて弾力的な支援ができることが挙げられる。もちろん、実際にそうできているかどうかは、委託者である地方公共団体の姿勢や民間主体自身の力量による。

また、自立相談支援事業の委託先が社会福祉協議会の場合は、生活福祉資金や日常生活自立支援事業との連携がとりやすいこと、行政の窓口よりも心理的に相談しやすいこと、社会福祉法人等の福祉関係団体が理事になっていることも多く連携がとりやすいことなどが挙げられる(21)。家計相談支援や就労準備支援など地方公共団体があまりノウハウを持っていない事業を委託する場合は、団体のノウハウを活かせることが当然メリットとして挙げられる。実際、これらの事業では委託率が九割と高い(22)。

委託のデメリットとしては、地方公共団体内の他課をはじめとして、その民間主体の得意分野以外の社会資源との連携が難しく、対象者の総合的支援が困難なことである。この点については、委託者である地方公共団体がいわゆる丸投げではなく、地域の他の社会資源に対し協力の依頼や調整を行うなど積極的に関わることが求められる。また、自立相談支援を委託している場合には、地方公共団体職員が生活困窮者や支援の実態を把握できなくなるおそれもある。介護保険になって、措置時代には直接向かい合っていた個々の要介護者のニーズに市町村職員が直接向かい合うことがなくなった結果、実態把握力が弱まったとの声を聴く。例えば、支援調整会議に委託者である地方公共団体の職員も必ず出席し、生活困窮者や支援の実態を把握し、ネガティブチェックではなく支援のための社会資源の創出に向けた積極的な意見交換の場にしていくことなどが必要と考えられる。

(2) 制度の内と外

① 制度の内

生活困窮者自立支援制度での民間事業への関与の手法は委託と認定である。委託の状況は(1)で述べたとおりである。一方、都道府県知事による認定が行われるのは生活困窮者就労訓練事業であり、二〇一八年度末で一六七九件行われている。[23]認定事業には税制優遇措置が用意されている。助成は、地方公共団体が独自に行うことはあっても、制度としては組み込まれていない。[24]認定が行われる理由は、利用者の困窮に乗じて不当な条件で労働させることを防止し、適正な事業を普及させることにある。[25]

一方、制度の目指す目標には「生活困窮者の早期把握や見守りのための地域ネットワークを構築し、包括的な支援策を用意するとともに、働く場や参加する場を広げていく。（既存の社会資源を活用し、不足すれば開発・創造していく。）」とある。(26)

生活困窮者に対する包括的な支援策をすべて直営や委託として制度内に取り込むことは必要でもないし、望ましいことでもないし、そもそもできることでもない。孤立している生活困窮者を地域に存在する支援や場に結びつけるだけでいい場合もある。地域に支援が不足している場合に、その支援を制度内に取り込んで委託事業として拡充したり、そもそも地域に必要な資源が全くない場合は新たに直営または委託で事業を創設したりすることとなろう。必要な場合には制度内に取り込む事業が任意事業として立てられていると考えるべきなのではないだろうか。必須事業である自立相談支援で広く相談を受け、具体的な支援については地域にある様々な社会資源を活用する、その場合に、制度の枠を弾力的に動かして必要な場合には制度内に取り込む手段として任意事業を捉えることができるのではないだろうか。

もっとも、具体的にたてられている任意事業には、このような趣旨よりむしろ制度創設時の実施主体の負担に配慮したものもあり、そのような任意事業はいずれ必須事業に移行するものとして位置づけられる。就労準備支援事業と家計相談支援事業については、必須事業化すべきとの意見が強く、二〇一八年の法改正では努力義務化が行われ、自立相談支援事業と一体化して実施した場合には国庫補助率が1／2から2／3へかさ上げされた。

同様に、働く場や参加する場をすべて認定事業として公的関与の下に置くこともまた必要でもないし、望ましくもないし、できることでもない。

② 制度の外

「不足すれば開発・創造していく」社会資源は委託や認定など制度内のものに限られるわけではなく、むしろ生活困窮者の自立のためには法に規定されていない次のような様々な支援が不可欠である。

- 社会福祉法人や企業等による就労受け入れ
- 社会福祉法人や企業等による就労準備支援事業の場の提供
- 障害者就労支援事業での受け入れ
- 社会福祉施設による一時生活支援の場の提供
- 退職教員による学習支援
- 社会福祉法人の地域貢献としての相談や支援
- 近隣の人の声かけや食材のお裾分け
- サロン（地域の居場所）
- 子ども食堂

序章でも述べたとおり、生活困窮者自立支援制度は、「地域づくり」という制度外の事業の開発・創造を行うことが制度の重要な目的とされている前例のない設計思想に立っている。したがって、制度にある事業をつくるのではなく、地域に必要な事業を制度を利用してつくるという発想の転換が地方公共団体には求められる。言い換えれば制度内と制度外のサービスの垣根が流動化してきているともいえよう(27)。

同様の設計思想は介護保険の総合事業にもみられる。個別給付の対象外となる高齢者に対して生活支援や介護予防の多様な支援を地域につくりだすために、委託、指定、助成などの手法を用いながら地域のニーズに合わせて必要な事業を創出する様々な試みがなされている。それを行うのが生活支援コーディネーターであり、協議体である。

地域は一つであり、特に高齢化の進む地域において、介護保険の地域づくりと生活困窮者自立支援の地域づくりは重なる部分も多い。制度にとらわれることなく地域に必要な資源を両制度を活用して創造することが求められている。

5　多様な主体による新たなパートナーシップ

生活困窮者自立支援は、社会福祉に新たな「政策の窓」を開いた制度である(28)。それだけに実施に当たる地方公共団体には当初戸惑いがみられたが、支援に「既存の社会資源を活用し、不足すれば開発・創造していく」制度である以上、徹底した地方分権でしか目標の実現はあり得ない。介護保険は地方分権の試金石といわれ、確かに、あれだけの新しい制度を基礎自治体である市町村が大きな混乱なくスタートさせたことは高く評価できよう。しかし、実施主体である市町村職員との意見交換プロセスを経ながらとはいうものの、社会保険であり個別給付である以上、国による詳細な制度のつくりこみが行われていることは否定できない。

生活困窮者自立支援では国は制度の大きな枠組みを示し、あとは実施主体である地方公共団体が創造性を発揮できるようにするための後方支援に徹している。介護保険よりさらにステージが進んだ地方分権への挑戦であり、国と地方公共団体、都道府県と市町村の新たなパートナーシップの具体的模索であるともいえよう。

同様の新たなパートナーシップの模索は地方公共団体と民間との関係にもみられる。かつての措置委託のような、委託者があらかじめ定めた詳細な基準どおりに実施することを求め、受託者の創意工夫を認めない形では、制度が掲げる包括的、個別的支援は行えない。企画コンペのように委託契約に受託者の知恵を反映させる方法もあり、また委託後の個別の支援や地域づくりにおいて双方が知恵を出し合い、庁内他課や企業などへの協力依頼や調整は委託者である行政機関が実施するなど、得意分野に応じた柔軟な役割分担をすることも考えられる。さらには、不足する資源を地域に創造する上で、生活困窮者自立支援の制度を活用する方法もあれば介護保険の地域支え合い事業や福祉分野とは異なる地域振興系の制度を利用する方法もある。制度は使わず、情報提供やネットワークづくりの黒子に徹した方がよい場合もあろう。人口減少、超高齢化が進む地域は総力戦である。行政と民間、制度内の民間事業、制度外のボランタリーな民間事業や企業など、地域にある多様な主体による柔軟なパートナーシップが模索されている。

福祉制度は、地方分権の流れの中で多くが自治事務となり、また、実施主体が市町村に一元化された。その中でも生活保護の給付は法定受託事務で、実施主体も町村は少なく都道府県と市が実施している。一方、行政と民間の関係では、福祉制度ではながく「措置委託」によるサービス提供が行われており、相談業務についても一九九〇年頃から委託が始まった。生活保護についても二〇〇〇年代に自立助長の業務の一部の外部委託が始まった。

生活困窮者自立支援制度は、他の福祉制度に比べても国による規制が少なく地方公共団体の運用の自由度が高い仕組みとなっている。実施主体は生活保護と同じで都道府県と市が多いが、地域づくりや一次相談窓口などで町村の役割は大きい。また、実施主体が市や町村の場合も、地域資源の育成や複数市での共同実施の調整など都道府県によるバックアップは重要である。行政と民間との関係では、実際の相談業務は民間団体への委託が多い。地方公共団体による直営は庁内他課との連携は取りやすいが、人員増や専門性の向上が難しい。一方、民間団体への委託は、相談しやすい、団体のノウハウを活かせるなどのメリットがあるが、団体の得意分野以外では他との連携が難しいなどのデメリットもある。委託であっても地方公共団体が積極的に関わることが必要である。

生活困窮者の自立のためには制度にない様々な事業も必要である。制度にある事業をつくるのではなく、地域に必要な事業が不足していれば制度を利用してつくる、という発想の転換が必要であり、制度の内外の垣根は流動化してきている。

徹底的な地方分権による国、都道府県、市町村の新たな役割分担、行政と民間、制度内の民間事業、制度外のボランタリーな民間事業や企業など、多様な主体による柔軟なパートナーシップが模索されている。

注

（1）本章2(2)で述べるように、二〇〇四年に生活保護の自立支援プログラムのモデル事業が始まった。

（2）厚生労働省（二〇一九）「福祉事務所の設置状況」(https://www.mhlw.go.jp/stf/seisakunitsuite/bunya/hukushi_kaigo/seikatsuhogo/fukusijimusyo/index.html 二〇二〇年一一月八日アクセス)。

（3）e-Stat 政府統計の総合窓口「市町村数を調べる」(https://www.e-stat.go.jp/municipalities/number-of-municipalities 二〇二〇年五月一九日アクセス)。

（4）平成二六年度老健事業「地域包括支援センターにおける業務実態に関する調査研究事業報告書」(平成二七年四月現在)。

（5）厚生労働省「福祉事務所の設置状況」(https://www.mhlw.go.jp/stf/seisakunitsuite/bunya/hukushi_

kaigo/seikatsuhogo/fukusjimusyo/index.html　二〇二〇年一一月八日アクセス）。

（6）桜井純理（二〇一七）「生活困窮者支援の取り組みに求められること——大阪府内自治体の調査をふまえて」『福祉社会科学』八、三〇頁。

（7）厚生労働省「平成二八年福祉事務所人員体制調査」。

（8）厚生労働省「平成二一年福祉事務所現況調査」。

（9）厚生労働省、前掲（7）。

（10）厚生労働省、前掲（8）。

（11）厚生労働省「自立相談支援機関　相談窓口一覧」（平成三〇年四月一日現在）（https://www.mhlw.go.jp/file/06-Seisakujouhou-12000000-Shakaiengokyoku-Shakai/0000191346.pdf　二〇一八年八月二七日アクセス）。

（12）社会保障審議会「生活困窮者自立支援及び生活保護部会報告書」（二〇一七年一二月）。

（13）厚生労働省「市部・郡部別被保護人員の年次推移」（https://www.mhlw.go.jp/topics/2012/01/dl/tp0118-1-52.pdf　二〇一八年八月二七日アクセス）。

（14）厚生労働省社会・援護局地域福祉課生活困窮者自立支援室（二〇一六）「生活困窮者自立支援法の施行状況」（生活困窮者自立支援のあり方に関する論点整理のための検討会〔第一回〕資料三）（https://www.mhlw.go.jp/file/05-Shingikai-12201000-Shakaiengokyokushougaihokenfukushibu-Kikakuka/shiryou3_2.pdf　二〇一八年八月二八日アクセス）。

（15）同前。

（16）厚生労働省社会・援護局地域福祉課生活困窮者自立支援室「生活困窮者自立支援制度の理念」『生活困窮者自立支援制度について』平成二七年七月（https://www.mhlw.go.jp/file/06-Seisakujouhou-12000000-Shakaiengokyoku-Shakai/2707seikatukonnkyuushajiritsusiennseidonituite.pdf　二〇一八年八月二七日アクセス）。

(17) 厚生労働省社会・援護局長(二〇一四)「生活困窮者自立支援法の施行にかかる町村への協力依頼について(通知)」。
(18) 厚生労働省社会・援護局地域福祉課生活困窮者自立支援室「平成三〇年度生活困窮者自立支援制度の実施状況調査集計結果」(https://www.mhlw.go.jp/content/000363182.pdf 二〇二〇年二月二九日アクセス)。
(19) 同前。
(20) 同前。
(21) 科学研究費補助金基盤研究(c)「行政・社会福祉法人と連携した生活困窮者支援策の開発・推進に関する実証的研究」(二〇一四〜二〇一六年度、研究代表者:椋野美智子、課題番号26388740)において実施した調査。
(22) 厚生労働省社会・援護局地域福祉課生活困窮者自立支援室、前掲(18)。
(23) 厚生労働省「認定就労訓練事業所の認定状況(平成三一年三月三一日時点)」(https://www.mhlw.go.jp/content/000554582.pdf 二〇二〇年三月一日アクセス)。
(24) 厚生労働省社会・援護局地域福祉課生活困窮者自立支援室(二〇一五)「新たな生活困窮者自立支援制度に関する質疑応答集」。
(25) 厚生労働省社会・援護局長(二〇一五)「生活困窮者自立支援法に基づく認定就労訓練事業の実施に関するガイドラインについて(通知)」。
(26) 厚生労働省社会・援護局地域福祉課生活困窮者自立支援室「生活困窮者自立支援制度の理念」『生活困窮者自立支援制度について』平成二七年七月(https://www.mhlw.go.jp/file/06-Seisakujouhou-12000000-Shakaiengokyoku-Shakai/2707seikatukonnkyuushajiritsusiennseidonituite.pdf 二〇一八年八月二七日アクセス)。
(27) statutory service と voluntary service の垣根が流動的になっている状況は、イギリスにおいても見られる（椋野ほか 二〇一七：六七-八五）。
（28）大森彌の生活困窮者自立支援全国研究交流大会「これからを考えるディスカッション」（二〇一四年一一月九日）での発言。

参考文献

熊本県健康福祉部長寿社会局社会福祉課（二〇一八）「生活困窮者自立支援事業 熊本県における「広域実施」の取組み」生活困窮者自立支援制度全国担当者会議資料四-二（https://www.mhlw.go.jp/content/12000000/000336679.pdf 二〇一八年八月二八日アクセス）。

厚生労働省社会・援護局地域福祉課生活困窮者自立支援室（二〇一五）「新たな生活困窮者自立支援制度に関する質疑応答集」。

厚生労働省社会・援護局地域福祉課生活困窮者自立支援室（二〇一六）「横断的な観点からみた支援のあり方②（生活福祉資金、生活保護との関係、都道府県の役割と町村部の支援のあり方、地域づくり）」（生活困窮者自立支援のあり方に関する論点整理のための検討会〔第五回〕資料二）（https://www.mhlw.go.jp/file/05-Shingikai-12201000-Shakaiengokyokushougaihokenfukushibu-Kikakuka/shiryou2_6.pdf 二〇一八年八月二八日アクセス）。

厚生労働省社会・援護局地域福祉課生活困窮者自立支援室（二〇一六）「生活困窮者自立支援法の施行状況」（生活困窮者自立支援のあり方に関する論点整理のための検討会〔第一回〕資料三）（https://www.mhlw.go.jp/file/05-Shingikai-12201000-Shakaiengokyokushougaihokenfukushibu-Kikakuka/shiryou3_2.pdf 二〇一八年八月二八日アクセス）。

厚生労働省社会・援護局地域福祉課生活困窮者自立支援室（二〇一七）「生活困窮者自立支援法の施行状況」

（社会保障審議会生活困窮者自立支援及び生活保護部会〔第一回〕資料三）（https://www.mhlw.go.jp/file/05-Shingikai-12601000-Seisakutoukatsukan-Sanjikanshitsu_Shakaihoshoutantou/0000164562.pdf 二〇一八年八月三〇日アクセス）。

厚生労働省社会・援護局地域福祉生活困窮者自立支援室「平成三〇年度生活困窮者自立支援制度の実施状況調査集計結果」（https://www.mhlw.go.jp/content/000363182.pdf 二〇二〇年二月二九日アクセス）。

厚生労働省社会・援護局長（二〇一五）「生活困窮者自立支援法に基づく認定就労訓練事業の実施に関するガイドラインについて（通知）」。

社会保障審議会生活困窮者自立支援及び生活保護部会（二〇一七）「社会保障審議会生活困窮者自立支援及び生活保護部会報告書」（https://www.mhlw.go.jp/file/05-Shingikai-12601000-Seisakutoukatsukan-Sanjikanshitsu_Shakaihoshoutantou/0000188339.pdf 二〇一八年八月三〇日アクセス）。

第一法規編（二〇一六）「生活困窮者自立支援制度関係法令通知集 平成二八年版」第一法規。

日本総合研究所（二〇一八）「自治体の社会福祉行政職員の業務や役割及び組織体制等の実態に関する調査研究事業報告書」。

椋野美智子ほか（二〇一七）「イギリスの貧困地域における民間非営利団体の活動――オックスフォードの事例（二）、（三）」『福祉社会科学』九、大分大学福祉社会科学研究科、七七―一〇〇頁。

元田宏樹（二〇一四）「福祉事務所における職員の現況と課題」『公共政策志林』二、一七一―一八一頁。

（椋野美智子）

第7章　公平と裁量
——専門性に裏づけられた裁量

本章では、裁量の拡大が公平を損ねないためには、裁量に専門性の裏づけが必要であることを述べる。第1節では、福祉政策における地方分権や制度設計と公平との関係について述べる。第2節では、生活困窮者自立支援制度の制度設計と実施状況を公平の観点から検討する。第3節では、地域間格差を乗り越え、閉じられた公平観を拓くために裁量に専門性の裏づけが必要であることを述べる。

1　公平と裁量の対立構造

(1)　地方分権と地域間格差

第6章で述べたとおり、各種社会福祉制度は、制度創設当時、地方公共団体の長が国の機関として実施する機関委任事務とされていたが、一九八六年に機関委任事務から団体委任事務に、さらに一九九九年に自治事務に変更されていった。自治事務では国の出す各種通知は技術的助言に過ぎない。また、補助金も、使途目的が限定されない一般財源としての地方交付税交付金へと、地方公共団体の裁量権を拡大する方向に移行していった。一般財源化されれば交付税の積算根拠に入っていてもそれを福祉に使うか、それ以外に使うかはその地方公共団体の裁量に任されることになる。[1]

地方公共団体によって当然、福祉水準に差異が生まれる。それを個性と捉えるか格差と捉えるかは人によって見解が相違するだろう。使途について異論があれば選挙で意思を示すか、「足による投票」[2]で、他の地方公共団体に転居すればよいというのが、個性と捉える側の考える民主主義の原則論である。しかし、現実には住民にとって他の地方公共団体の福祉水準の情報の入手は容易ではない。住んでいる地方公共団体のあり方については、どこの地方公共団体でも同じだと思っている人が大半であろう。仮に他の地方公共団体の方がよいと思っても、住んでいる地方公共団体の福祉政策を陳情や要求あるいは提案、最終的には選挙によって変えさせることは容易ではない。また、住み慣れた地を離れて他の地方公共団体に転居することには、当然コストとリスクが伴う。福祉の対象となる何らかの不利を抱えた人々に、原則通りの行動をとることを期待することは難しい。[3]福祉水準の差異を住民の選択による個性であるとだけ捉えることには無理があり、是正すべき格差、不公平もあるといわざるを得ない。

（２）公平と個別事情への対応

①　個別給付

地方公共団体間の格差をなくす方法としては、支援を個別給付として制度を設計することが考えられる。個別給付は権利性が高く、不服審査、訴訟の対象となる。自治事務であっても、同じ状況にある者に対して地方公共団体がその裁量によって給付を認めたり認めなかったりということはできない。個別給付はどの地域に居住しているかにかかわらず、公平平等に行われなければならない。だからこそ、介護保険の創設によってサービスの提供が地方公共団体に裁量権のある措置から個別給付に切り替わる際、「保険あって給付なし」になっては大変と、実施主体の各市町村は必死になってサービス整備を行ったのである。

ただし、権利を確定するためには、給付の要件を客観的かつ明確にすることが必要になるため、画一的になりやすい。たとえば老齢年金は年齢だけに着目して給付し、個別の事情に立ち入って給付の必要性を判断しない(4)。

②　権利性と個別事情への対応

権利性と個別の事情への対応を両立させるための手法としては、細かな基準を決めることと、高い専門性を持つ者への裁量の付与の二つがある。

前者の典型は、生活保護である。憲法第二五条の生存権を具現化するものとして権利として定められている。しかし最低生活の保障という性格上、個人個人の事情に応じた給付が必要である。給付要件の客観性と個別事情への対応を両立させるために、細かな基準が国から出されている。しかし、基準によるきめ細かな対応は複雑さと同義であり、正しく適用するにはかなりの人的コストがかかることを忘れてはいけない。正しい適用ができなければ公平を欠くことになる。

後者の典型は、医療保険である。医療保険による医療サービスの提供は個別給付であり、権利である。必要な医療は患者個々人の疾病の状況に応じて異なるが、医療が必要かどうか、必要だとしてその内容についての判断は原則として個々の医師の専門的裁量に委ねられている。著しい逸脱については、事後的な審査が同じ専門職である医師により行われるが、基本的には実際に医療を行う個々の医師の裁量権が尊重される。介護保険の要介護認定は細かな基準による一次判定に専門家の合議による裁量が加わった、両者の折衷形態といえよう。

③ 事　業[5]

事業は、柔軟性が高い。事業では細かな基準は設けず、地域の事情、個別の事情に応じて支援を実施することができる。しかし、権利として明確ではなく、不服審査、訴訟の対象とならない。

社会保険にも個別給付ではない事業は存在する。医療保険の保健事業、介護保険の地域支援事業などがそれである。これらの事業は定型的な給付で対応することができないニーズに柔軟に対応するための仕組み、バッファー的な仕組みと考えることができる。

制度化は常に現実に遅れる。制度による支援が追い付かない現実の必要性に対応するのは非制度的な民間による取り組みである。その民間による取り組みがある程度広がり、その効果も認められると制度化が始まる。しかし、制度の中でも一番固い制度である個別給付は通常、最も遅れる。明確な基準とサービス提供の目途が立たなければ権利化することはできないからである。

近年のサービス給付の制度化は民間で実施されていた取り組みを国がモデル事業として試験実施し、その上で、個別給付、必須事業、任意事業に切り分けて設計することが多い。

(3) 公平と制度の枠

制度の設計でも運用でも、行政職員は公平を重んずる。制度設計に際しては、公平性を担保するために、制度の線引きをして対象者全体を把握し、予算額と必要な職員数を計算する。全体に十分な支援をするだけの予算額と職員が確保できなければ、支援の水準を下げる、線を狭めて対象者を減らすなどにより公平を確保するのがオーソドックスな手法である。

この場合の公平はあくまで制度の枠内での公平である。制度の枠の内外での不公平、例えば認可保育所と認可外保育所の利用児童[6]、あるいは保育所入所児童と待機児童との公平、また、障害者自立支援法ができるまでの障害者福祉施設の利用者と障害者小規模作業所の利用者や在宅の障害者との間の公平はほとんど考慮されてこなかった。在宅の者との公平論が聞かれるのは、残念ながら、施設入所者の食費やホテルコストを利用者の負担とするなどの局面に限られていたように思える。

公平観が制度の枠内に閉じているのは、行政組織では制度の所掌は決まっているが、制度の対象外の人についての所掌は定まっていないためであろう。

また制度の枠内であっても、制度を利用しようという働きかけ（申請や相談）をせず支援が届いていない人も含めて公平性を論ずることもなかった。自ら働きかけをしないのは公的支援がなくとも何とかなっている、つまり支援の必要がないのだと考えるからである。何とかならずに事件が起きると行政の不作為が非難され、対応に走るが、それは公平論とは別である。

換言すれば、重んじられているのは、制度の枠内でその制度の支援を利用しようとする人の中だけに閉じられた公平観である。その強調は、制度の外の人、制度を利用する力の弱い人に対する支援を疎かにすることにつながっている。

2　生活困窮者自立支援制度

(1)　制度設計

生活困窮者自立支援は、地域の実情に応じてまた個人の事情に応じて多様な支援を行う必要があり、国による細かな基準は適さない。生活保護が細かな基準で対応できるのは、金銭給付を原則としているからという面も否定できない。サービス給付は医療や介護のように他の制度により全国的に提供主体が整備されたサービス以外では、本人側の実情に地域におけるサービス提供側の実情が加わり基準は複雑になり過ぎるだろう。生活困窮者自立支援は、「必要な支援が地域になければ創造する」(7)とされており、必要な支援がどの地域にも存在していることを前提としていない。この制度が対象として想定しているのは全国的に整備された制度的支援から外れた人だからである。あるいは、必要な支援がすべて全国共通であるという前提にも立っていないというべきかもしれない。

しかし、基準なしに、権利の有無、その内容をすべて専門家の裁量に委ねる、医療保険における医師と同様の高い専門性を援助者に求めるのも現実的ではない。したがって、金銭給付である住居確保給付金の支給を除き、本制度の支援は個別給付としてではなく、事業として構成されている。実施主体である地方公共団体及び現場の支援員に広い裁量が認められることになる。本制度が掲げる分権は、地方公共団体だけでなく、現場の支援員に対する分権でもある。支援が公平かの問いは地方公共団体だけでなく支援員にも投げかけられることになる。

(2) 地方公共団体による実施状況の差

生活困窮者自立支援は多くの社会福祉の事務と同様、自治事務として位置づけられている。保護の給付が法定受託事務とされている生活保護制度でも自立の助長は自治事務とされていることから考え

図 7 - 1　任意事業の実施状況（都道府県別の実施割合）（n = 902）

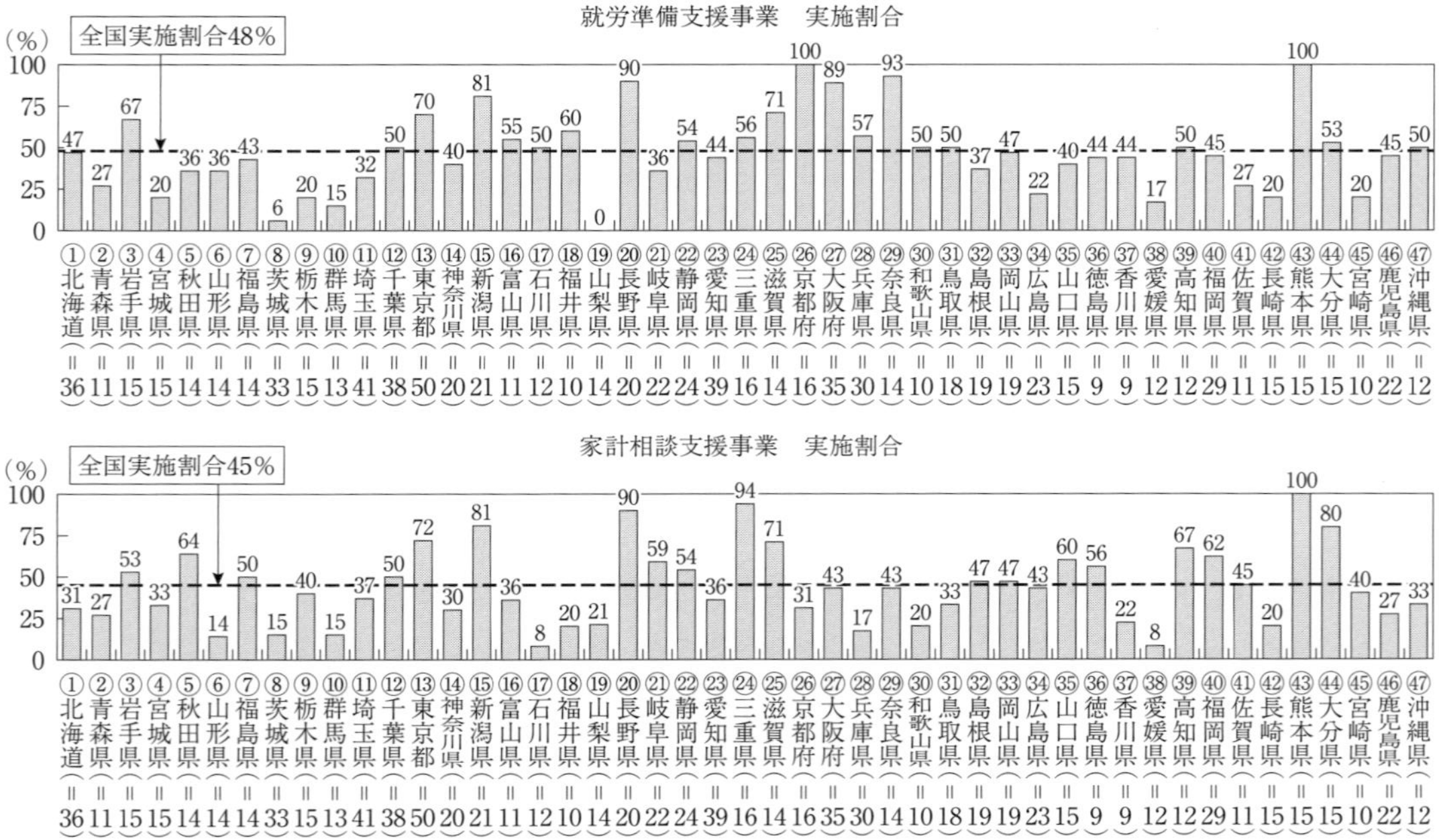

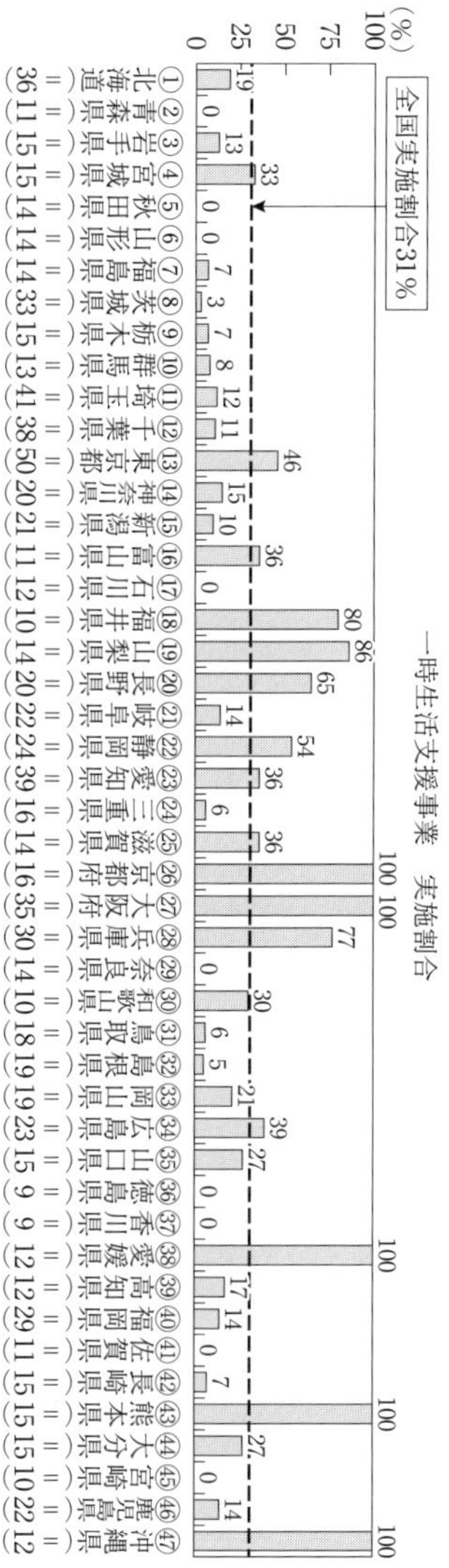

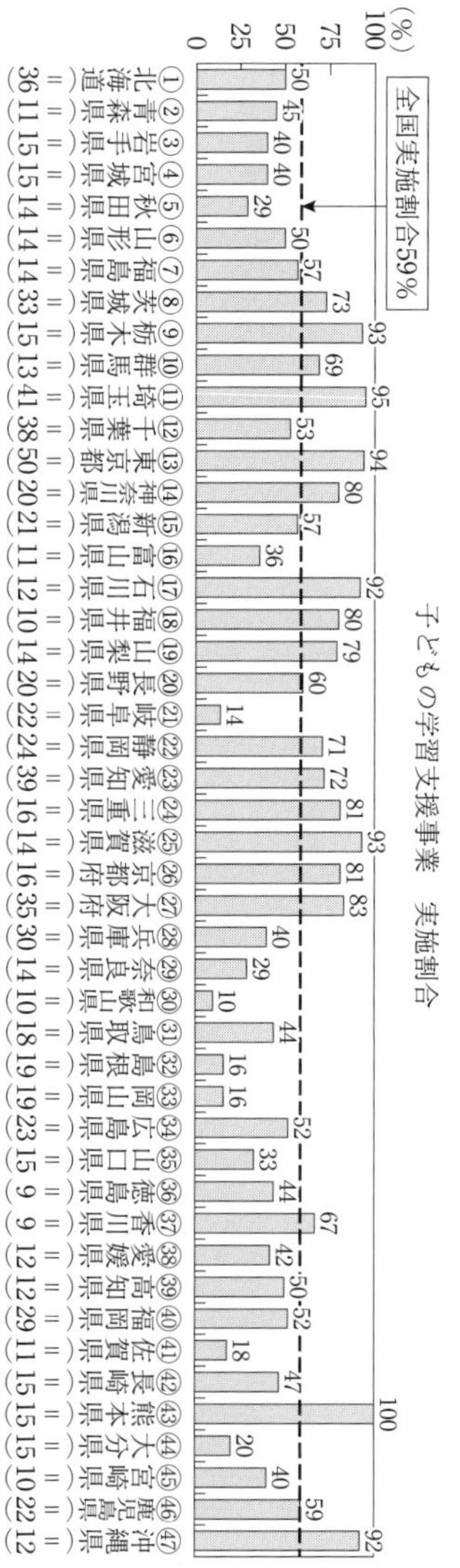

出所：厚生労働省社会・援護局地域福祉課生活困窮者自立支援室「平成30年度生活困窮者自立支援制度の実施状況調査集計結果」。

れば当然であろう。

ここでは、厚生労働省の調査で、任意事業の実施状況、新規相談件数、プラン作成率の地方公共団体による差を見てみよう。任意事業の実施状況、プラン作成率は実施主体ごとの数字ではなく、都道府県内の実施主体の平均での比較であるため、実施主体ごとのばらつきより均されていることに留意が必要である。

① 任意事業の実施状況

生活困窮者自立支援制度では、必須事業は総合相談と住居確保支援金だけであり、それ以外の、実施するかどうかが地方公共団体の裁量に任されている任意事業について、実施率は二〇一八年度で、就労準備支援事業と一時生活支援事業で〇〜一〇〇%、家計相談支援事業で八〜一〇〇%、子どもの学習支援事業で一〇〜一〇〇%である。実施率は徐々に上がってきている（厚生労働省社会・援護局地域福祉課生活困窮者自立支援室 二〇一七）もののばらつきが著しいことは否定できない（図7-1）。

地方公共団体が地域の実情に応じて決めた結果生じる実施の有無のばらつきは、制度が想定しているものであり、それ自体を地域間格差と捉えるべきものではない。しかし、支援を必要としている実情があるにもかかわらず事業が実施されていないとすれば、地域間格差ということになろう。ある地域の住民であるために他の地域の住民であれば受けられた制度的支援を受けられないことは、やはり公平に反するといわざるを得ない。そもそも任意事業とされているものが本当に地域の実情によって

図7－2　自治体区分ごとに見た新規相談件数の分布

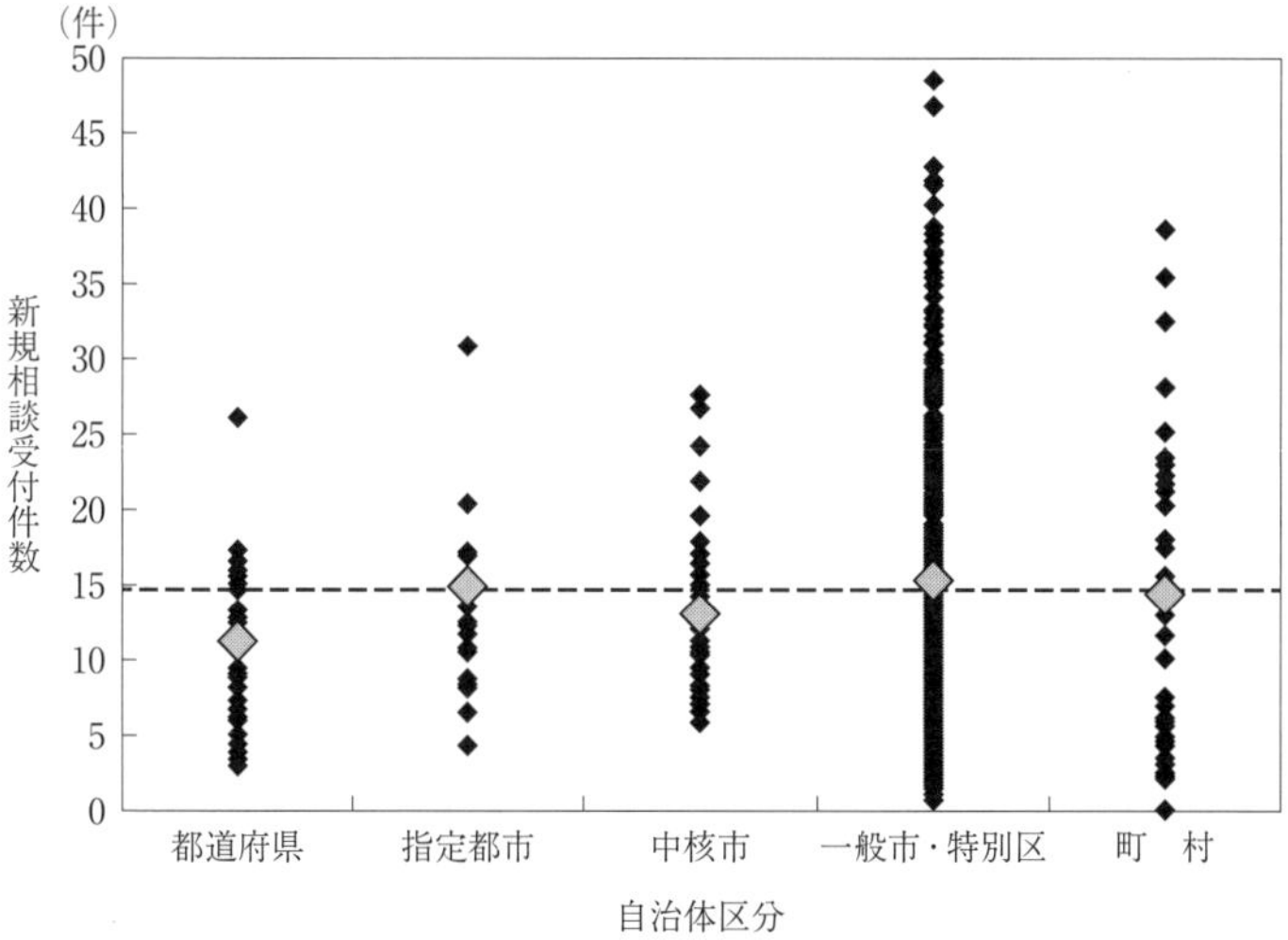

注：月次の支援状況調査から，新規相談受付件数について，平成27年4月～28年3月の累計数を基に人口10万人・1ヶ月当たりに割り戻した数値を所在地域別にプロット。このグラフの表示範囲外に6自治体が存在（新規相談件数（10万人・1ヶ月あたり）が50件を超える自治体）。

出所：厚生労働省社会・援護局地域福祉課生活困窮者自立支援室（2016）。

は不要なことがあるのかどうかの検討も必要である。むしろ、就労準備支援事業や家計相談支援事業については必須事業とするべきとの意見も多く[8]、二〇一八年の法改正では努力義務化が行われ、自立相談支援事業と一体化して実施した場合には国庫補助率が1／2から2／3へかさ上げされた。

② 新規相談件数とプラン作成率

人口一〇万人・一カ月当たり新規相談件数も、限りなく〇に近いところから五〇件を超えるところまで大きくばらついている（図7-2）。そして、新規相談件数は人口規模、地方公共団体区分、所在

図７－３　支援員配置と新規相談件数の関係

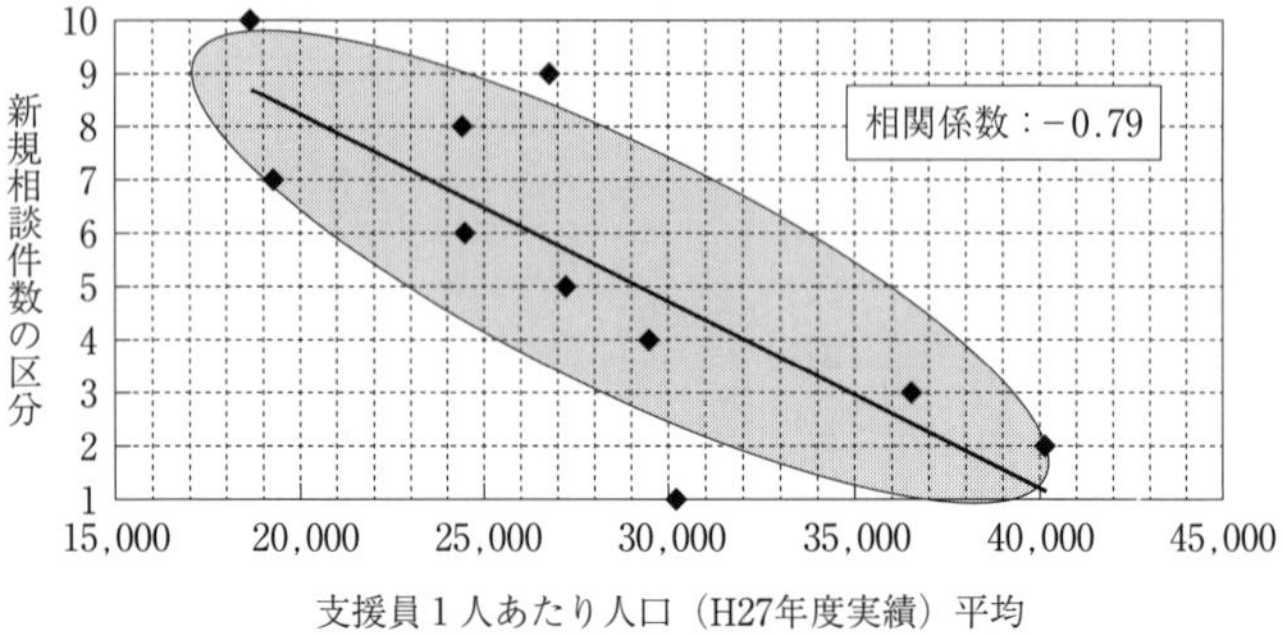

出所：図７－２と同じ。

地域及び直営委託の別のいずれとも相関は低く、支援員一人当たり人口が少ない、つまり人口当たり支援員数が多いほど高い傾向（図７－３）、連携する関係機関が多いほど高い傾向がみられる（厚生労働省社会・援護局地域福祉課生活困窮者自立支援室 二〇一六）。

新規相談件数が少ない地域は相談の必要性が低いからではなく、ニーズの掘り起こしができず潜在化しているからではないかと考えられる。

プラン作成率も、都道府県内の実施主体の平均でみて八・八％から四九・〇％と、ばらつきがきわめて大きい（図７－４）。任意事業を実施しているほど、プランに関わる関係機関が多いほど、また、人口当たり支援員数が多いほど、プラン作成率が高い傾向が見られる（厚生労働省社会・援護局地域福祉課生活困窮者自立支援室 二〇一六）。新規相談件数と同じく、プラン作成率の低い地域は必要性が低いからではなく、支援に関わる資源が不足していてプラン策定が困難だからではな

図７-４　プラン作成率＝プラン作成件数／新規相談件数（2015年度）

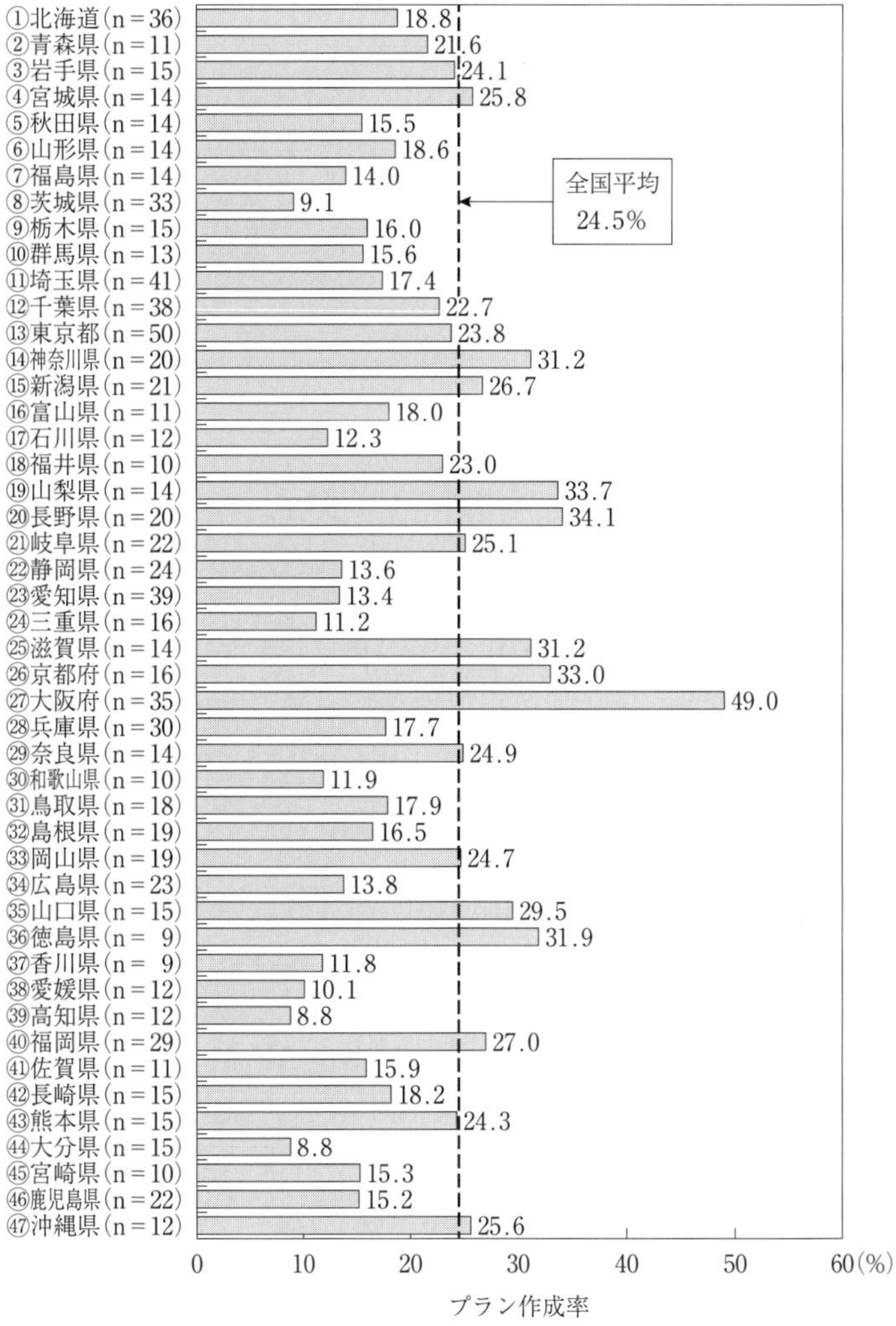
①北海道(n＝36) 18.8
②青森県(n＝11) 21.6
③岩手県(n＝15) 24.1
④宮城県(n＝14) 25.8
⑤秋田県(n＝14) 15.5
⑥山形県(n＝14) 18.6
⑦福島県(n＝14) 14.0
⑧茨城県(n＝33) 9.1
⑨栃木県(n＝15) 16.0
⑩群馬県(n＝13) 15.6
⑪埼玉県(n＝41) 17.4
⑫千葉県(n＝38) 22.7
⑬東京都(n＝50) 23.8
⑭神奈川県(n＝20) 31.2
⑮新潟県(n＝21) 26.7
⑯富山県(n＝11) 18.0
⑰石川県(n＝12) 12.3
⑱福井県(n＝10) 23.0
⑲山梨県(n＝14) 33.7
⑳長野県(n＝20) 34.1
㉑岐阜県(n＝22) 25.1
㉒静岡県(n＝24) 13.6
㉓愛知県(n＝39) 13.4
㉔三重県(n＝16) 11.2
㉕滋賀県(n＝14) 31.2
㉖京都府(n＝16) 33.0
㉗大阪府(n＝35) 49.0
㉘兵庫県(n＝30) 17.7
㉙奈良県(n＝14) 24.9
㉚和歌山県(n＝10) 11.9
㉛鳥取県(n＝18) 17.9
㉜島根県(n＝19) 16.5
㉝岡山県(n＝19) 24.7
㉞広島県(n＝23) 13.8
㉟山口県(n＝15) 29.5
㊱徳島県(n＝ 9) 31.9
㊲香川県(n＝ 9) 11.8
㊳愛媛県(n＝12) 10.1
㊴高知県(n＝12) 8.8
㊵福岡県(n＝29) 27.0
㊶佐賀県(n＝11) 15.9
㊷長崎県(n＝15) 18.2
㊸熊本県(n＝15) 24.3
㊹大分県(n＝15) 8.8
㊺宮崎県(n＝10) 15.3
㊻鹿児島県(n＝22) 15.2
㊼沖縄県(n＝12) 25.6
全国平均
24.5％
0
10
20
30
40
50
60(％)
プラン作成率

出所：図７-２と同じ。

いかと考えられる。

3　地域間格差を乗り越え閉じられた公平観を拓くために

(1) 地域間格差を乗り越える

必要であるにもかかわらず任意事業を実施しない理由としては、ニーズが把握できていない、上司や財政部門を説得できない、他の事業に忙しくて事業を立ち上げる時間が取れない、実施のノウハウがなく地域に委託先の資源がない等の理由が考えられる。ニーズの把握方法、説得のためのデータ、実施マニュアルなどが厚生労働省から提供されてはいるが、いくつもの仕事を兼務している職員は膨大な技術的助言通知を読み込む意欲と時間も十分ではない。小規模の地方公共団体では福祉専門職を採用育成することが難しく、福祉を充実すると財政負担が増すと思い込んでいる幹部職員も多い。

しかし、市町村の一般会計の四割近くは民生費（総務省 二〇一八）であり、生活困窮者自立支援に限らず早期の支援の充実により、介護費用や医療費、生活保護費の減少または増加の抑制が可能となる。実施地方公共団体の本庁福祉部門の職員の力量の強化がまずは不可欠である。それが直営、委託にかかわらず支援に直接携わる職員数を確保し[9]、パートナーシップを組む関係機関を増やすことにもつながるのである。小規模地方公共団体で、その団体内にスーパーバイズができる先輩、上司がいない場合には、他団体の職員とのネットワークの活用も考えられる。

第6章で述べたような、多様な主体とのパートナーシップの構築も、地域間格差を乗り越える上で有効である。

(2) 閉じられた公平観を拓く

① ニーズの掘り起こし

生活困窮者自立支援制度は、制度の狭間に陥っている生活困窮者に対しての支援を目的としている。したがって、制度の枠を明確にしてその枠内での公平を図るという従来の手法は用いえない。それは「断らない相談[10]」という言葉に象徴される。さらに、ここで論ずべき公平は、断らないだけでなく、相談に来ない人も含めて支援が必要な生活困窮者全員に支援を届けることである。住宅確保給付金を別にすれば、本事業の支援は本人にとって効果がすぐにわかりやすく目に見えるものではない。また、対象者は社会的に孤立した人、支援の情報が届きにくい人が多い。支援が必要であれば相談に来るはずだという前提は成り立たない。

本章2で述べたとおり、人口に対する支援員配置数が多いほど新規相談件数が多くプラン作成率が高い傾向がみられる。また、つながったことのある関係機関数と新規相談件数にも中程度の相関関係が見られる。支援員や関係機関が掘り起こしをすればしただけニーズが掘り起こせているとしたら、相当数のニーズが潜在化し支援が届いていないと考えられよう。積極的な潜在ニーズの掘り起こしが求められる(11)。

ニーズの掘り起こしを進めるための制度設計としては、介護保険や障害者自立支援法のような、民間事業者に対するいわば出来高払い、相談件数やプラン作成件数に応じた委託費の支払いも考えられる。一般的には市町村直営や定額の委託事業では掘り起こしのインセンティブが低いからである。ただ、対象者の線引きがあいまいな本制度に適用すると相談のための相談というような濫用が生じるおそれがないわけではない。

それよりも、地方公共団体内の債権管理部門や他制度の相談員はもとより、第6章で述べたような、多様な主体とのパートナーシップの強化が有効であろう(12)。また、生活困窮者の存在は、仮に地方公共団体職員が十分把握できていなくても、地域住民はわかっていることが多い。ただ、地域住民はそれを生活困窮者自立支援事業に対するニーズとしては必ずしも理解していない。地域には市町村の社会福祉協議会、地域包括ケアセンターなど福祉専門職が必ず存在している。これら福祉専門職がニーズ発掘の拠点として機能することも求められる。

② 総合的な状況把握

従来のタテ割り制度の下では、公平とは、ある個人の、制度が対象とする側面、例えば障害者支援の制度なら「障害」だけを切り取り、それが同一であれば同一の支援を行うことだと考えられてきた。

福祉の二〇〇〇年体制では、介護保険の認定基準をはじめとして公平を担保するための客観的基準が次々と整備された。それは、福祉六法体制下の措置による裁量が地域間格差や当事者の力関係による恣意を招いていたとの認識に立つものでもあろう。

しかし、基準の当てはめだけではやはり公平性は担保されない。なぜなら、地域や個人は基準に反映できない様々な実情を抱え、異なるニーズを持っているからである。異なる実情やニーズを持つ地域や個人を同一に取り扱うことは、公平とはいえまい。異なる実情、異なるニーズに応じた支援を行うことこそが公平であるはずだ。

大切なのは、実情の違い、そこから来るニーズの違いを総合的に正しく把握し、それに応じて制度の枠にとらわれずに適切な支援を包括的に組み立てることである。地域に対してそれを可能とするのは地方公共団体の行政職員としての専門性であり、個人に対してそれを可能とするのは援助者の福祉職としての専門性である。[13]

③　目の前の一人の対象者の支援から

現場の援助者が支援において最善を尽くそうとした時、行政の担当者から、すべての対象者に対してそこまで時間をかけて支援できるわけがないのだから、その対象者に対してもそこまでしなくていい、そこまでしてはいけないと言われることを聞く。公平性の要請が、目の前の対象者を全力で支援しようとする援助者の姿勢と対立することになっている。

しかし、制度に閉じられた公平観を拓くのは、まさに、この目の前の対象者を全力で支援しようとするところから始まる。制度を適用しようとする姿勢からは制度から除外された人は見えない。しかし、目の前の対象者のために使える制度的支援を探す中で、第1章で廣野が述べているように、知的障害者の手帳制度が、大人になっても子ども時代の学校の成績表の提出を求めるなどの運用により、本来制度的支援を受けられるはずの人を排除している構造が見えてくる。

地域力強化検討委員会[14]は二〇一六年一二月の中間とりまとめの概要で「『一人の課題』について解決する経験の積み重ねによる誰もが暮らしやすい地域づくり」を方向性に掲げている。一人の対象者への全力での援助が関係機関とのネットワークを強化し、地域資源が開発されていく。それは他の対象者の援助のための資源となる。地域づくりが進めば、援助者を介することなく地域の中で困窮者が支援され、または困窮に陥ることなく暮らすことができることが増えていくだろう。公平性と目の前の一人の対象者への全力での援助の対立構造は、こういう形で乗り越えられるのではないだろうか。公平のために援助者がその力量を抑制することがよいはずがない。一人を支援することにより他の人への支援が拓ける。それは公平性を静態的ではなく、時間軸を入れて動態的に考えるということかもしれない。

地方分権により、福祉制度の多くは自治事務となり、また補助金も一般財源化され、地方公共団体の裁量が拡大していった。その結果、住んでいる地域によって受けられる支援に差異が生まれる。それを住民の選択による個性とだけ捉えることには無理があり、是正すべき格差があると考えられる。

地方公共団体による格差をなくすには、支援を個別給付として設計する方法があるが、その場合は、給付要件を客観的かつ明確にすることが求められ、画一的になりやすい。権利性と個別の地域、個人の事情への対応を両立させるためには、細かな基準を設定するか、高い専門性を持つ者へ裁量権を付与するかのいずれかである。一方、事業として設計すると、柔軟性が高いが権利としては明確でない。医療保険や介護保険にも事業はあり、事業は個別給付では対応しにくいニーズに柔軟に対応する仕組みとなっている。

このような制度の設計だけでなく運用でも、行政職員は公平を重んずる。しかし、それは制度の枠内で制度を利用しようとする人の中だけの公平にとどまっており、制度の外、制度を利用する力の弱い人に対する支援を疎かにすることにつながっているのではないだろうか。

生活困窮者自立支援は、住宅確保給付金を除いて事業として構成されており、地方公共団体さらには現場の支援員に広い裁量が認められている。任意事業の実施率、新規相談件数及びプラン作成率のいずれも地方公共団体により大きなばらつきがあるが、ニーズの差によるものとは考えられない。

地域間格差を乗り越えるためには、福祉部門の職員の力量の確保が必要であり、他の地方公共団体や民間とのネットワークやパートナーシップの構築が有効である。また、制度に閉じない、開かれた公平を確保するには、潜在ニーズを掘り起こすこと、そのニーズも制度が対象とするニーズだけを切り取るのではなく、総合的に把握すること、そしてそれに応じて適切な支援を包括的に組み立てることである。さらに、一見、公平と対立するように思える、目の前の一人の対象者への全力での支援により、他の対象者への援助にも使える地域資源が開発されていく。

これらを可能とし、制度の中に閉じ、画一的な基準の当てはめに堕し、一人の対象者への全力での援助と対立する「公平性」の形式性を脱し、その実質を担保するのは、専門性に裏づけられた裁量にほかならない。公平と裁量の対立構造はこういう形で乗り越えられるのではないだろうか。

注

(1) 地方分権が社会福祉の分野で地方の実情に合った支援の充実につながったかどうかの検証は本稿の手に余るが、社会福祉の充実のためには地方公共団体の中で財源や人員の獲得において他分野との競い合いに勝たなければならなくなったことは確かである。

(2) チャールズ・ティボーが提起した概念。「手による投票」である選挙に対して、移動を「足による投票」と捉えた。

(3) 障害児の支援について、充実している地方公共団体に母親が一緒に移転するという事例は聞くことがあった。そして、他の地方公共団体よりも障害児福祉施策を充実すればするほど障害児が転入して財政負担が増大することに、地方公共団体の担当者が苦慮しているとの話も聞いていた。ポール・ピーターソンがいう福祉マグネットである。

（4）在職老齢年金のように賃金の額によって支給が調整される場合もあるが、老齢年金給付の必要性は基本的には年齢によって判断され、加齢によって所得を失っていても給付年齢までは給付されない。
（5）「事業」については、菊池馨実が新たな位置づけで考察している（菊池 二〇一九：一四四-一四八）。
（6）二〇一九年の幼児教育無償化に当たって、認可外保育所の利用者から無償にならないのは不公平だという声が上がり、一定の制限はあるものの認可外保育所も無償化の対象になったのは、画期的といえるかもしれない。ただ、背景には、待機児童が多い中、東京都の認証保育所のように認可外保育所を地方公共団体が独自に制度化していたことがあろう。
（7）厚生労働省「生活困窮者自立支援制度の理念」（https://www.mhlw.go.jp/file/06-Seisakujouhou-12000000-Shakaiengokyoku-Shakai/2707seikatukonnkyuushajiritsusiennseidonituite.pdf 二〇一八年八月二七日アクセス）。
（8）社会保障審議会「生活困窮者自立支援及び生活保護部会報告書」二〇一七年一二月。
（9）二〇一八年の法改正では、実施機関に「支援を適切に行うために必要な人員配置」の努力義務が課された。
（10）社会保障審議会、前掲（8）。
（11）制度の枠が明確でないだけに、掘り起こしたらどれだけニーズが出てくるかわからない、予算や人員を超過するのではないかとの恐れを地方公共団体職員に生んでいたのも事実であろう。
（12）二〇一八年の法改正では、実施機関の他の部署で生活困窮者を把握した時に本制度の利用勧奨等を行う努力義務が課された。
（13）公平と裁量と専門性の考察については、嶋田暁文九州大学教授に貴重な示唆をいただいた。ここに記して謝意を表する。
（14）「地域における住民主体の課題解決力強化・相談支援体制の在り方に関する検討会」座長（原田正樹）。

参考文献

菊池馨実（二〇一九）『社会保障再考――〈地域〉で支える』岩波書店。

厚生労働省社会・援護局地域福祉課生活困窮者自立支援室（二〇一六）「生活困窮者自立支援法の施行状況」（生活困窮者自立支援のあり方に関する論点整理のための検討会〔第一回〕資料三）（https://www.mhlw.go.jp/file/05-Shingikai-12201000-Shakaiengokyokushougaihokenfukushibu-Kikakuka/shiryou3_2.pdf　二〇一八年八月二八日アクセス）。

厚生労働省社会・援護局地域福祉課生活困窮者自立支援室（二〇一七）「生活困窮者自立支援法の施行状況」（社会保障審議会生活困窮者自立支援及び生活保護部会〔第一回〕資料三）（https://www.mhlw.go.jp/file/05-Shingikai-12601000-Seisakutoukatsukan-Sanjikanshitsu_Shakaihoshoutantou/0000164562.pdf　二〇一八年八月三〇日アクセス）。

厚生労働省社会・援護局地域福祉生活困窮者自立支援室「平成三〇年度生活困窮者自立支援制度の実施状況調査集計結果」（https://www.mhlw.go.jp/content/000363182.pdf　二〇二〇年二月二九日アクセス）。

社会保障審議会生活困窮者自立支援及び生活保護部会（二〇一七）「社会保障審議会生活困窮者自立支援及び生活保護部会報告書」（https://www.mhlw.go.jp/file/05-Shingikai-12601000-Seisakutoukatsukan-Sanjikanshitsu_Shakaihoshoutantou/0000188339.pdf　二〇一八年八月三〇日アクセス）。

総務省（二〇一八）『地方財政白書　平成三一年版』（http://www.soumu.go.jp/menu_seisaku/hakusyo/chihou/30data/2018data/30czb01-02.html#z012　二〇二〇年二月二九日アクセス）。

地域における住民主体の課題解決力強化・相談支援体制の在り方に関する検討会（二〇一六）「地域力強化検討会中間とりまとめの概要～従来の福祉の地平を超えた、次のステージへ～」（https://www.mhlw.go.jp/file/05-Shingikai-12201000-Shakaiengokyokushougaihokenfukushibu-Kikakuka/0000149774.pdf　二〇一八年八月三〇日アクセス）。
地域における住民主体の課題解決力強化・相談支援体制の在り方に関する検討会（二〇一七）「最終とりまとめ——地域共生社会の実現に向けた新しいステージへ」（https://www.mhlw.go.jp/file/05-Shingikai-12201000-Shakaiengokyokushougaihokenfukushibu-Kikakuka/0000177049.pdf　二〇一八年八月三〇日アクセス）。

（椋野美智子）

第8章　小地域と広域
――専門職と非専門職の役割

　近年、社会福祉をめぐる施策は、地域包括ケアシステムの推進や身近な場所での相談支援体制の構築など、小地域における「支え合い」や「共助」を基調とした施策に比重が置かれるようになっている。この一連の潮流には、少子高齢化や人口減少などにみられるような激しい人口構造の変化を背景として、福祉課題の多様化、深刻化、潜在化が顕著となり、従来の福祉システムでは対応できなくなりつつあることなどの実態がある。

　このような状況下において、地域における相談支援システムを構築する上で、社会福祉専門職、行政、地域住民等にはどのような役割が求められるのであろうか。本章では、小地域と広域における「専門職と非専門職」の役割を一つの対立軸として、これからの人口動態に即した相談支援システムの構築について検討を行う。

1　生活課題の多様化と担い手の多様化

人間は社会を必要とする存在であり、周囲との関係性の中で自分の存在を認識することにより、自己肯定感が育まれる。人間にとって「相互扶助」とは、人間が本来持ち合わせている生物的本能であり、社会的本能でもある。

しかし、現代のように高度化した社会では、各分野での機能分化が進んでいるため、生活を営むためには複雑化した機能と複数の接点をもちながら、生活の必要性に応じてそれらの機能を自分で判断し組み合わせて活用することが求められる。そのため、すべての人が容易に多岐にわたる機能を活用できるわけではない。これらから取り残された人々は生活が立ち行かなくなり、次第に近隣の人々との間に距離が生まれ、いわゆる自立した生活を営むことに困難を伴うようになる。前述したように、人間は社会的な生き物であるため、そもそも社会や他者との関わりなしに生活することは不可能である。そのため、地域社会からの孤立や孤独は様々な生活上の課題やニーズを生み出す原因となる。

その結果、地域の中には、様々な課題を抱えながら生活する人は少なくない。それは現代に限ったことではなく、いつの時代にも共通することである。しかし、近年、課題の「質」は変化している。生活課題の深刻化、多様化、潜在化が顕著となった結果、課題は見えづらくなっている。さらに、これまでの制度の枠組みにあてはまらない、いわゆる「制度の狭間」にいるとされる人々の課題も深刻化の様相を呈する。筆者らが二〇一五年に北海道A町で実施した生活課題に関する調査では、ひきこもりの状態にある人のいる世帯は全世帯の二％であることが明らかになった。この数値は、多少の前後はあったとしても全国の各地域にあてはまるものと考えている。このような、これまでの既存の枠組みでは支援の対象とならなかった人々をどのように見えるところで支援していくのかは、深刻かつ早急に対応しなければならない課題である。

一方で、地域における人々のつながりは希薄化しているという現実もある。それは他者だけに限ったことではなく、親類縁者のつながりも同様である。これまでの地縁・血縁によるつながりは瓦解している状況であり、「無縁社会」は否応なしに到来する。中には、いまだに相互扶助の仕組みである「結い」や「もやい」が残っている地域も一部あるものの、そのような地域は日本全体を見渡してみてもほんの一握りである。「遠くの親戚よりも近くの他人を頼る時代」と言われる一方で、地縁も瓦解しているという厳しい現実がある。

地域における生活課題が多様化することは、生活課題の解決に向けた支援に携わる担い手側の多様化を意味する。そのため、従来の担い手では対応しきれない課題を新たな担い手とともに解決に導く仕組みが求められる。ただ、課題解決の主体はあくまでも本人であり、援助者は本人の置かれている状況に合わせた援助システムにより援助を行う。つまり、サービスや制度に本人を合わせるのではなく、本人にサービスや制度が合わせるのである。このことは、個別の課題に個別に働きかけるのではなく、複数のニーズに対して一体的に働きかけることにより変化を促すという、ソーシャルワークの基本的視点に基づくものである。複数のニーズに対して一体的に働きかけるためには、地域住民等のインフォーマルサポートの関与は不可欠であり、援助システムの中に地域住民等のいわゆるインフォーマルサポートが積極的に参加することが求められる。ここでの地域住民とは、地域住民でありながら地域の福祉増進のための役割を期待される民生委員や児童委員等の特定の地域住民のみを意味するのではなく、本人の生活する場で同じ地域住民として生活する不特定多数の住民も担い手となるという認識が必要である。

2　支援の拠点を小地域に置く

多様な担い手が関わりながら、本人の生活の場で援助を展開することは、本人の生活の継続を考える際、きわめて重要なことである。地域を基盤としたソーシャルワークでは、本人が生活する場を拠点として、本人及び本人を取り巻く環境を対象に一体的に援助を展開することになる。このことは、予防的な働きかけにもつながる。本人の生活の場に出向き、そこで援助を展開するため、深刻な状態になる前に対応することが可能となる。深刻になる前に対応するということは、それだけ援助の選択肢を多く持てるということであり、本人の側に立った援助の可能性も広がりをみせる。

また、本人の生活の場で援助を展開するということは、援助対象の拡大につながる。本人の課題を個別にみるのではなく、生活を中心として生活上で生じる生活のしづらさそのものに焦点をあて援助を展開することが可能となる。多様化・深刻化する生活課題の中には、現行の制度の枠組みでは対応できない、いわゆる「制度の狭間」にあるものが多く存在する。岩間（二〇一一）は、制度の狭間をつくり出したのはソーシャルワーカーであることを、厳しく指摘している。援助の対象者を制度的な枠組みで選別することなく、生活のしづらさにより対象者としてこれまでは想定されることのなかった課題にも、対応していかなければならない。

地域の課題は複雑化しているため、特定の機関や専門職による援助だけでは対処することはできない。そのため、本人を中心として、その周囲に複数の機関、専門職、地域住民等がネットワークを形成し、連携と協働により援助を展開することが求められる。ネットワークを機能させることにより、地域の社会資源を活用しながら援助の幅を広げることが可能となる。もちろん、ネットワークやチームには、インフォーマルサポートも含まれ、フォーマル、インフォーマルの社会資源と協働して援助システムを構成していくことになる。

地域を基盤としたソーシャルワークでは、「個を地域で支える援助」と同時並行で「個を支える地域をつくる援助」を展開することにより、専門職の働きかけによって様々な気づきを得た地域住民はやがて地域福祉の担い手となる。ここでの専門職の働きかけとは、地域住民が課題解決の過程を共有することができるよう、専門職による援助のプロセスを住民にみえるように開き、援助の対象者が変化する過程を地域住民が実感することによって、地域住民も援助に携わることができるように促すことから始まる。個々人の生活と地域社会とは、きわめて密接な関係にあり、双方向性の関係をもつ。地域の環境は個人生活に影響を与え、個人の存在は日常生活を営む地域社会に影響を与える。このように、そもそも個人と地域とは切り離して考えるものではなく、両者を一体的なものとして捉える視点は、生活を援助する際において重要な視点となる。個人の生活課題の解決に向けた取り組みは、当事者である本人やその家族のみならず、当事者たちと接点を持つ地域社会の変化をも並行して促すことになるのである。

3 「非専門家」だからできること

これからの日本社会を思考する際、人口構造の変化から目を背けることはできない。少子高齢化と同時に人口が減少することは、社会の構造に重大な変化を及ぼすことになる。人口減少社会の到来は、日本の人口政策が不首尾に終わった結果でもあり、この結果をこれからの政策に活かしていかなければばならない。一方、目前の問題として人口減少社会の到来は国民のあらゆる生活に影響を与えることになる。生産年齢人口は減少し、その一方で人口に占める高齢者の割合が増えるという状況の中、社会保障の仕組みを見直す必要性も指摘されている。

また、生活保護世帯の増加と生活保護世帯に占める「その他の世帯」の割合の増加にも着目する必要がある。二〇一七年二月時点での生活保護世帯は約一六三万世帯である。この一〇年間で生活保護受給世帯は約六〇万世帯増えているが、生活保護世帯内訳（高齢世帯、母子世帯、障害・傷病世帯）の割合はほぼ変わりがない。着目すべきは、「その他の世帯」の増加である。「その他の世帯」は全体の二割を占めている。この数値は一〇年前の約三倍である。「その他の世帯」に含まれる大部分は稼働世帯であり、これら就労支援ニーズのある稼働世帯をいかに支援するかは重要な課題である（社会保障審議会生活困窮者自立支援及び生活保護部会資料、二〇一七年）。

さらに、介護の担い手の問題と認知症高齢者の増加についても言及しなければならない。高齢化が急速に進展するということは、福祉の普遍化をもたらすことになる。つまり、高齢化の急速な進展は、高齢者も高齢者を支える家族も誰もが福祉と無関係ではなくなることを意味する。誰もが福祉と無関係ではなくなるということは、福祉の担い手をどのように確保するのかという課題と直結する。行政や専門職だけで福祉を担うことには限界がきている。だからといって、ＡＩや諸外国の人々が介護を担えばよいということではない。国民全体が福祉の対象となる以上、援助の対象者である国民全体で福祉を担っていく必要がある。行政、専門職には、これまで以上に専門性を高め、地域共生社会の仕組みをつくる責務を果たすことが求められる。一方、地域での日々の変化に気づくことができるのは、やはり地域住民である。地域住民だからこそ、日々の声かけや見守りは可能になる。これからは、行政、専門職、地域の担い手が協働して地域の支え合いの仕組みを構築していくことが目指されている。

4 協働と参画による総合相談の視角

「総合相談」という概念は、二〇〇六年度に地域包括支援センターが創設されて以降、地域福祉の推進において重要な概念とされてきた。一方で、総合相談の言葉だけが先走りし、その概念整理は不十分であり、また求められる要素等についても明確にされていない。そこで本章では、「総合相談」とは、「地域を基盤としたソーシャルワーク」の方法の一つであり、「地域を基盤としたソーシャルワーク」を展開するための仕組みを包含した概念であると捉える（岩間 二〇一六）。

総合相談を推進するために中核となるエリアは、中学校区レベルを想定する日常生活圏域であり、かつこれは実践上の基礎単位となる。総合相談は広域では推進することはできず、そのため小地域レベルで展開することが求められることを確認しておく。ここでは中学校区レベルの範囲としているが、本来、さらに小さなエリア単位を基本ユニットとすることが理想である。そしてこの基礎単位となるエリアがアウトリーチの拠点ともなる。伴走型の個別的かつ継続的な支援は、本人の生活の場である地域を拠点として初めて可能となる。

そして総合相談では、エリアを設定した上で地域を担当する専門職と専門職ではない地域側の担い手とが、日常的に協働できる体制を包含する。地域側の中核的担い手とは、当該地域の住民であり、地域活動において中心となる担い手を想定する。総合相談の核となるのは、「地域担当の専門職」と「地域側の中核的担い手」との日常的な連携・協働である。なお、連携と協働の中心にあるものは「本人」である。本人を中心として、複数の機関、様々な専門職、地域住民等がネットワークを形成し、連携と協働によって援助を展開することは、現代の生活課題に対応するためには必要不可欠な取り組みであり、その重要性も増している。

このような連携と協働を遂行するための一つの有効な方策は、「地域で展開する」ケースカンファレンスである（岩間 二〇一一）。本人を援助の中心として援助を展開することは、ケースカンファレンスが必要とされる要因となる。既存のサービスや制度に本人が合わせるのではなく、本人にサービスや制度が合わせるということは、一人ひとりの状況に合わせたオーダーメイドの援助により初めて可能となり、そのためにケースカンファレンスは欠くことのできない方法の一つである。

連携と協働を推進する要素となるケースカンファレンスにおいては、課題解決の主体はクライエント自身であるというソーシャルワークの価値が根底にあり、その上で細分化された課題に個別に働きかけるのではなく、生活上の多様かつ複数の課題に対して一体的に変化を促すという基本的視点を共通認識として有することが求められる。本人の「生活のしづらさ」に焦点をあて、そこに対応することのできる援助システムの形成のためには、専門職と非専門職とがネットワークを形成し、前述した共通の基本的視点をもって広域に連携・協働することが必要不可欠である。

複雑化、多様化、潜在化した生活上の課題に対応するためには、専門職のみでは援助には限界がある。日頃から同じ地域で生活をする住民同士だからこそ、生活上の課題や少しの変化にも気づくことが可能となる。また、クライエントの生活のしづらさに焦点をあてた援助を展開するためには、地域住民等のインフォーマルサポートの積極的な参画が必要となる。地域を基盤として援助を展開するということは、地域の専門職だけでは不十分であり、近隣住民やNPO、ボランティア等などの「地域の力」を活用するという視点が不可欠である。これまではちょっとした気づきを共有する場がなかったため、地域住民の多くは気づいたことを自分の中だけで処理し、特段何らかの行動を取るということはなかった。広域においても、地域住民の貴重な「気づき」を、専門職と共有する場が求められる。

5　一つの支援が地域を変える

筆者は、二〇一六年度より、総合相談を展開するための地域拠点の取り組みを「地域相互支援型自治体推進モデル」として、行政・社会福祉協議会・研究者・地域住民と協働で進めている（図8-1）。ここでの「地域拠点」とは、総合相談を推進するための中核エリアとなる中学校区等の日常生活圏域を基本ユニット（地域を基盤としたソーシャルワークの拠点）として、行政、社会福祉協議会、専門職と地域住民側の中核的担い手が協働し、「支え合い」による総合相談体制を展開する場のことである。そこでの支援機能は、①早期発見・早期対応による予防的支援、②支え合い活動による課題解決と見守り、③地域住民と専門職の協働による課題解決等である。

図8-1のフェーズⅠでは、中学校区等の日常生活圏域を基本ユニット（地域を基盤としたソーシャルワークの拠点）として、行政・社会福祉協議会・専門職と地域住民側の中核的担い手が協働し、「支え合い」による総合相談体制を展開する。そこでの支援機能は、①早期発見・早期対応による予防的支援、②支え合い活動による課題解決と見守り、③地域住民と専門職の協働による課題解決等である。図8-1のフェーズⅡは、総合相談体制を支える地方公共団体の役割を明確にした生活困窮者等への広域（基礎自治体単位）での支援のあり方を示したものである。具体的には、①行政機構（機能）の統合化、②福祉施策の計画的推進、③地域資源の創出、④市民活動の環境整備等について検討している。

今回の地域拠点の取り組みの最大の特徴は、理論を基盤として実践が展開されている点にある（図8-2）。本取り組みは、研究者、行政、社会福祉協議会が一体となって進めてきたものである。そこでは、まず基礎理論である「ジェネラリスト・ソーシャルワーク」及び実践理論としての「地域を基

図8－1　地域相互支援型自治体推進モデル

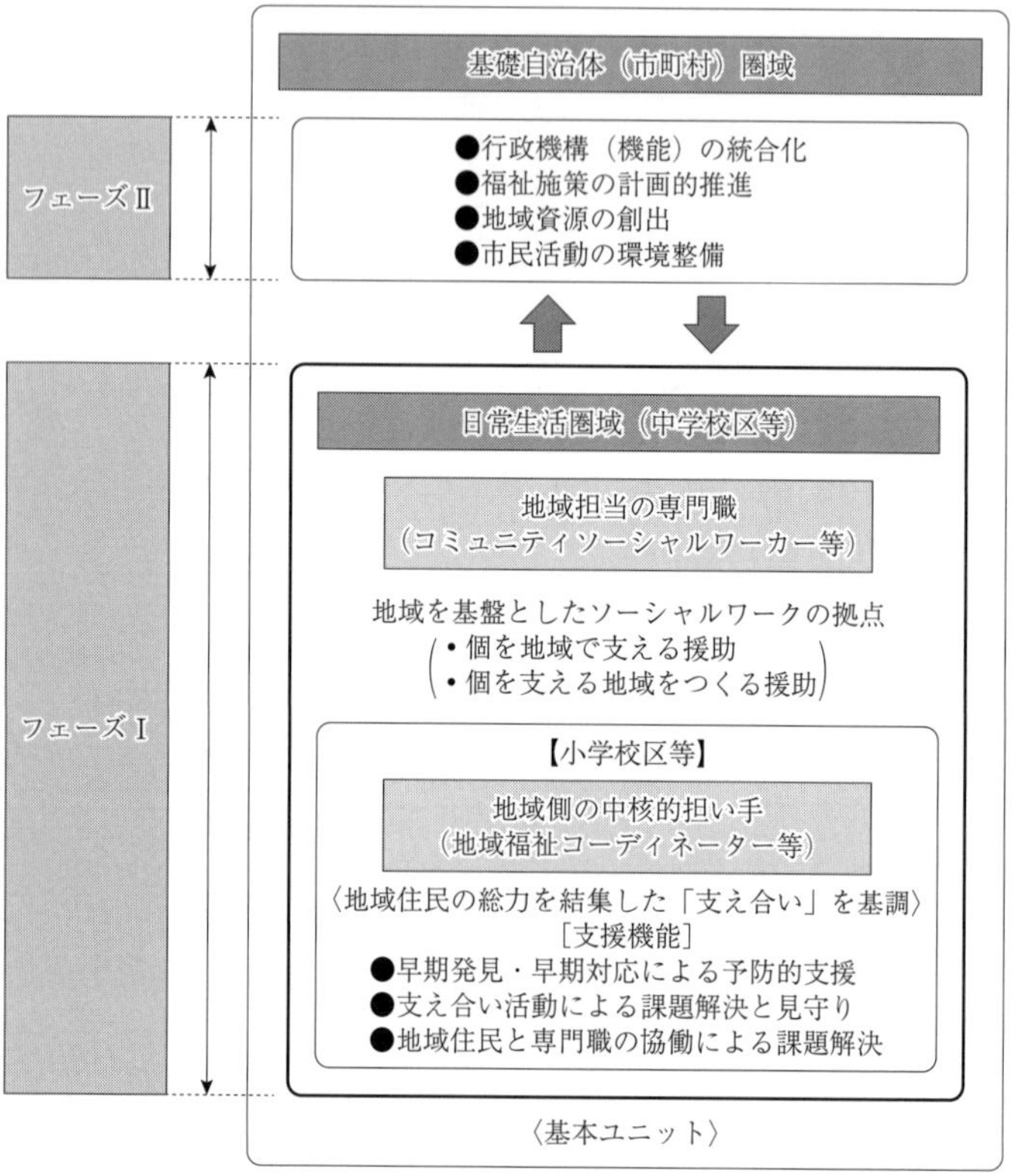

出所：岩間ら（2019：7）。

図8－2　地域を基盤としたソーシャルワークの概念

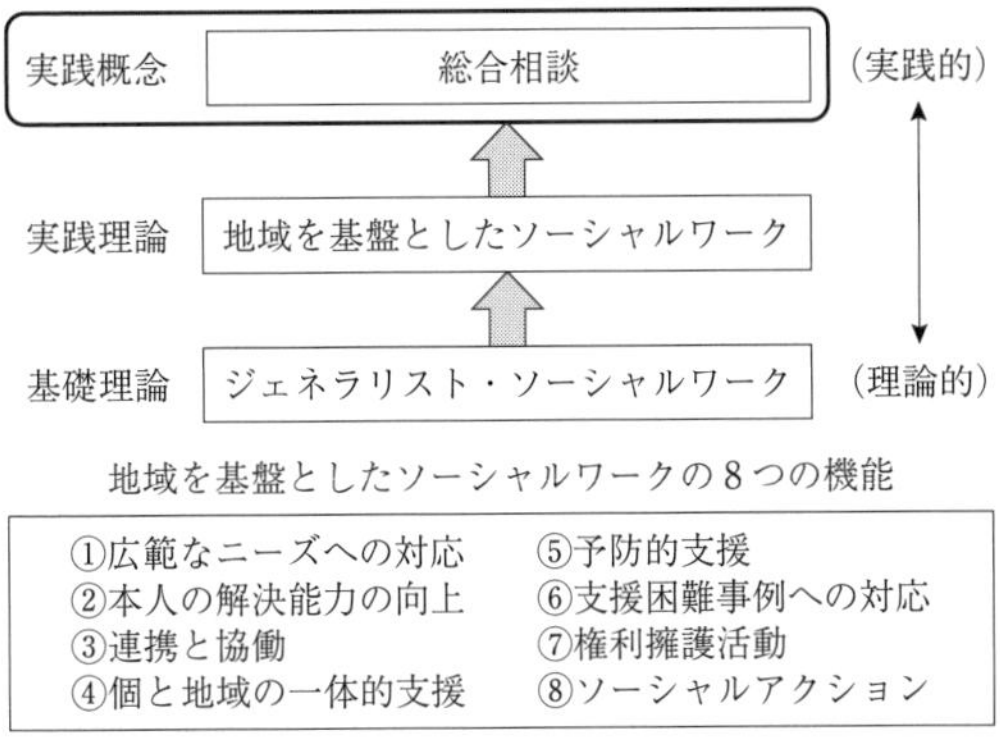

出所：岩間（2011：7）。

盤としたソーシャルワーク」について、チームの一人ひとりが理解することから始めた。理論を踏まえた上で、実践概念である「総合相談」についての理解を深め、地域拠点の役割はこの総合相談を実践することである、という点を確認した。理論を徹底するという作業は時間をかけて丁寧に行い、全員が共通認識をもったと判断した時点で、地域の実態把握のための調査を実施した。

調査も行政及び社会福祉協議会、研究者が協働で実施することに重きを置いた。町の全世帯から無作為に1／5（四九九世帯）を抽出し、自記式調査用紙を郵送、戸別訪問により回収を行った。調査票の内容は、回答者及び世帯の基本属性に加え、世帯の生活上の困りごと、自治会や町全体における近隣とのつきあいの程度を尋ねる項目から構成されている。調査票の回収は、調査員（役場職員・社会福祉協議会職員・研究者）の複数体制による全戸訪問によって実施した。その際、訪問した調査員は、アンケート項目の内容に沿って回答内容の確認に加えて、各世帯の生活課題を必要に応じて聞き取りを行った。その結果、郵送調査では把握できない生活課題（ひきこもりの実数や実態など）が明らかになった。

また本調査では、①二〇四〇年の日本で想定される地域における生活課題、②何らかの支援を要する世帯が三割にのぼること、③一五歳以上六五歳未満の人のうち、二%の人が長期にひきこもっている、の三点が明らかになった。

地域拠点を展開する前に調査を実施した理由は、まず当該地域にどのような生活課題が内在しているかを正確に把握するためである。本調査は、あくまで実践に必要な調査であり、「調査のための調査」ではない。社会福祉学の領域において調査を実施するということは、次の展開につなげていくことが大前提となる。実態を把握し、その実態に基づいて何を行うのかという次の展開がなければ、調査の意味はない。

地域拠点での活動を進める中で、地域側の担い手に変化がみられはじめている。それまでは「自分以外の人たちの課題」と認識していた課題を、「地域における自分たちの課題」として認識するようになりつつある。また、行政、専門職にも変化がみられる。地域住民とともに総合相談の仕組みをつくりあげていくとは、どのようなことであるのか、実感をもって理解しはじめている。行政・専門職・住民が一体となり、地域拠点をつくる過程で共に学び、共に歩んでいるのである。地域の中で総合相談を展開することは、地域住民や地域を変えるだけではなく、行政や専門職の意識までをも変える取り組みである。

６　「入口」と「出口」をつなぐ援助の枠組み

地域での生活ニーズにどのように対応するかは、ソーシャルワーク実践における「入口」の議論に連結するものである。そして、「入口」をどのように設定するか、同時に「出口」、つまりソーシャルワークの実践ゴールをどこに設定するかに直結する。これらを一体的に思考することは、「一つの事例が地域を変える」という、地域を基盤としたソーシャルワークの特質においても重要な意味を持つものである。

「入口」と「出口」の関係性において、総合相談で対象者を選別せずに援助を行うこと、つまり「入口」を広げて援助を行うということは、一人ひとりにあった多様な「出口」を用意することが必然的に必要となる。総合相談では、「生活のしづらさ」に対して排除することなくアプローチすることになる。そのため、全世帯・全課題への対応が求められ、結果として「制度の狭間」にもアプローチすることになる。

この「入口」と「出口」をつなぐものは、援助における「プロセス」である。援助の方向性や枠組みを示すのは専門職の役割であるが、援助を展開する際には、本人を中心とした専門職、非専門職とのネットワークの中で、多様な援助の担い手が参画し援助を展開することになる。この「プロセス」に援助の特質が反映されるため、プロセスがうまくいかなければ当然の結果として「出口」につながることはない。「入口」から連なる「出口」の設定とプロセスにおける援助実践は、総合相談の最終目標として、地域における新しい「つながり」の構築と多様な「支え合い」の創造を想定するものである。専門職は、援助を展開する中で新たな担い手とともに協働し、本人と担い手とのつながりを視野に入れながら支え合いの仕組みをつくることをも包含した援助の方向性を示すことになる。つまり、生活上のニーズや課題をなくすことがゴールなのではなく、ニーズや課題をもちながら地域でのつながりの中で、その人らしく生活できること、がゴールとなるのである。

「支える側」「支えられる側」は固定されるものではなく、いつでもその役割は変化しうるものである。地域の中での支え合いによって、いつ支えられる側になっても安心して生活することのできる地域をつくることこそが、「個を支える地域」をつくるための援助である。

7　事後対応型福祉から事前予防型福祉へ

自ら支援を求めることが困難な状況にある人に対しては、援助を提供する側からの働きかけが求められる。予防的支援を含む広範なニーズへの対応においては、制度的枠組みによって対象者を判別するのではなく、本人の側に立った「生活のしづらさ」への排除のないアプローチが重要である。このことを具現化する方法としては、「アウトリーチ」がある。

アウトリーチには様々な機能があるが、事態が深刻化する前にアプローチすることを可能にすることは、アウトリーチにおける重要な機能の一つである。地域を基盤としたソーシャルワークにおける早期把握・早期対応を軸とする「予防的支援」の具体的方法がアウトリーチである。これまでは、課題が深刻化して初めて専門機関につながるという事後型の対応が多くみられたが、そこに至る前にアプローチをすることにより、事態が深刻化する前に対応することが可能となる。

また、アウトリーチの機能としては、地域住民との協働による働きかけも重要な機能の一つである。ここでの住民との協働には、戸別訪問の同行等に限らず、地域でのプログラム等を地域住民と協働で開催することも含む。さらに、専門職から地域住民への働きかけのみならず、地域住民側からの専門職への働きかけがあることも重要な点である。前述したとおり、地域住民は日常生活の中で、ちょっとした地域の変化に気づいていることがある。その気づきを専門職と共有する場がアウトリーチでもある。この双方向性の関係があって、初めて地域でのアウトリーチは機能する。

このようなアウトリーチの実践のためには、本人の生活の場を拠点とした展開が必要となる。つまり、アウトリーチとは、単に本人の生活の場に出向くことだけを意味するのではなく、住民に近い地域を拠点とした援助を展開することをも含む概念である。

アウトリーチとは、これまで述べてきた地域を基盤としたソーシャルワークを実践するためには必要不可欠なものであり、また、地域における総合相談体制の構築のためにも欠かせない要素である。アウトリーチの拠点が総合相談拠点そのものであり、また、事前予防型福祉の展開は、予防的ニーズを含む広範なニーズをキャッチすることが可能となるアウトリーチがその具体的手法の一つとなる。そして、そこには地域住民との協働が必要不可欠である。

生活困窮の状態にある人の中には、自ら支援を求めることが難しい人たちも少なくない。そのため、その人の生活する地域の中に気軽に足を運べる場をつくることは、援助において大きな意味をもつ。さらに、生活困窮者支援においては、アウトリーチによって本人も意識をしていない日常生活上のニーズを把握することや住民の活動への参画等は不可欠であり、支援対象者の生活圏域である身近な場所で自立相談支援機関、行政、関係機関、地域住民等とが緊密に連携して取り組みを行うことが求められる。

本章では、一貫して小地域で展開する総合相談では、専門職と専門職ではない地域側の担い手とが日常的に協働できる体制が基本となることを述べてきた。地域側の中核的担い手は、当該地域に居住する住民である。総合相談の核となるのは、専門職と地域側の中核的担い手との日常的な連携・協働である。そして、連携と協働の中心に位置するものは「本人」であり、このことは、生活困窮者を対象とした支援においても変わることはない。本人を中心として、複数の機関、様々な専門職、地域住民等がネットワークを形成し、連携と協働によって援助を展開することは、現代の生活困窮をはじめとする生活課題への対応においては必要不可欠であり、その重要性も増している。

（岩間伸之・野村恭代）

参考文献

岩間伸之（二〇一一）「地域を基盤としたソーシャルワークの特質と機能――個と地域の一体的支援の展開に向けて」『ソーシャルワーク研究』三七（一）、四‐一九頁。

岩間伸之（二〇一五）「生活困窮者自立相談支援事業の理念とこれからの課題――地域に新しい相談支援のかたちを創造する」『都市問題』一〇六（八）、六〇‐六八頁。

岩間伸之（二〇一六）「地域のニーズを地域で支える――総合相談の展開とアウトリーチ」『月刊福祉』九九（九）、二二‐二七頁。

岩間伸之・原田正樹（二〇一二）『地域福祉援助をつかむ』有斐閣。

岩間伸之・野村恭代・山田英孝・切通堅太郎（二〇一九）『地域を基盤としたソーシャルワーク――住民主体の総合相談の展開』中央法規出版。

野村恭代（二〇一八）「地域における包括的な相談支援体制の推進とソーシャルワーカーの役割」『精神保健福祉』四九（一）、一五二‐一五三頁。

終章 二項対立構造を乗り越えるために
――福祉政策とソーシャルワークをつなぐ

ここまで、生活困窮者自立支援制度の実践が問い返した既存の福祉制度や支援の分立や原理の対立構造を明らかにし、それがもたらす問題と解決の方向性について論じてきた。終章では改めてそれぞれの分立・対立構造を振り返りながら、福祉政策とソーシャルワークをつなぐことによる課題解決の可能性を具体的にみていきたい。

1 制度の限界をソーシャルワークが補完する

(1) 制度の狭間への対応

第1章で廣野が論じた「障害者と非障害者」の対立構造は、対象者ごとにつくられている制度の狭間の問題である。

福祉三法、福祉六法は支援ニーズの高い者をグルーピングして対象者ごとに法律を制定していったことから、支援はタテ割りとなり、制度の狭間は避けられない構造となっていた。行政機関の各部署の所掌も法律ごとに定められるため、制度の狭間にある者の支援ニーズは対応する部署がない構造になっている。支援者も制度ごとに置かれているため、ニーズに合わせて制度を活用するのではなく、タテ割りの制度に合わせてニーズを切り取ってその範囲での支援で終わる。最後の受け皿として生活保護が位置づけられる体系ではあったが、生活保護の実際の運用は最低限度の生活が維持できない者を対象とするタテ割り制度の一つに近いものであった。

障害者については障害者自立支援法（現・障害者総合支援法）により身体障害、知的障害、精神障害に対する支援が統合されたが、なお「障害者」と制度により認定されないと支援が受けられない。廣野が述べているように、同じような状況にあり、同じように支援を必要としながら「障害者」と認定されないことにより支援が受けられない状況が生じている。

この状況を政策によって変えることができるだろうか。廣野も述べているとおり、障害者の枠を広げることは可能である。実際、発達障害、難病患者が障害者の枠に入ってきた。しかしなお、「非障害者」にとどまる者がいる。これに制度的に対応しようとするなら、障害者支援が必要な者に障害者支援を行う制度にするほかない。トートロジーのように聞こえるが、これは実際に医療分野では行われていることである。医療保険では医療の必要な者に医療を給付している。医療の必要性は医師が専門的裁量権をもって判断している。しかし残念ながら、医療における医師に匹敵する高い専門性をもつ者は福祉分野に存在しない。

福祉分野でできることは「障害者支援」を必要としている「非障害者」に対して、「障害者支援」に近い支援を提供できるよう地域の資源を調整することである。それは例えば障害の有無を問わない救護施設の利用かもしれない。あるいは、障害者福祉サービスを実施している社会福祉法人に地域貢献として同様のサービスの無料または低額での提供を求めることかもしれない。どんな地域資源が活用できるかは地域によって異なる。資源がなければ資源を創り出すところから始める必要がある。これらはまさにソーシャルワークそのものである。さらに、それを前提に制度の側で、例えば障害者福祉サービス事業所で一定の割合であれば「非障害者」の利用を認め、それについての費用助成を障害者に対する給付とは別に、例えば地域生活支援事業で認めるということは可能であろう。制度の限界をソーシャルワークが補完する、補完を前提に制度を設計する、制度とソーシャルワークの協働である。例えば介護保険の総合事業では、「対象者」と「対象者以外」が共に利用する場合でも、コーディネーターの人件費などの間接経費の補助が認められている。

(2)　効果的就労支援

福祉六法体制では、現業員によるソーシャルワークは十分機能せず、生活保護制度は金銭給付中心で運用されていたが、保護費の増加特に稼働世帯の保護率の増加に対応するために自立の助長の充実が求められ、二〇〇五年に公共職業安定所と連携した就労支援などを内容とした自立支援プログラムの導入が始まった。

母子家庭に対しても二〇〇二年、児童扶養手当法と母子及び寡婦福祉法が改正され、児童扶養手当という金銭給付のみでなく公共職業安定所と連携した就業支援が強化された。

また、障害者の就労について、福祉六法体制では更生援護施設や授産施設で訓練や作業が行われていたものの、施設職員は一般に市場の動向や企業の状況に疎く、「訓練」の結果、一般就労につながることは少なく、施設での「賃金」は極めて低かった。一方、雇用対策としては一九六〇年に身体障害者雇用促進法が制定され、一九七六年には義務雇用制度と納付金制度ができ、身体障害者雇用政策が進められていた。一九九八年になると、義務化の対象に知的障害者が加わり、二〇一八年には精神障害者が加わった。福祉政策としても障害者自立支援法の施行により一般就労への支援と福祉就労での「賃金」の増加に力が入れられるようになった。また、福祉政策と雇用政策との連携も進められるようになり、二〇〇二年には職業面、生活面を一体的に支援する障害者就業・生活支援センターの制度も始まった。

第2章で阿部が述べているとおり、このような従来の福祉政策や雇用政策の対象者とは異なる新たな就業困難者が一九九〇年代から出現し、二〇〇〇年代になると雇用政策の枠組みの中で、このような者に対する施策がとられ始めた。そして、二〇一五年から、福祉政策の枠組みで生活困窮者自立支援制度が始まった。

雇用政策と福祉政策として行われる就労支援は手法が異なる。雇用政策の手法は基本的には職業訓練と職業紹介を通じたマッチングであり、福祉政策における就労支援の手法は体調管理、生活リズムやコミュニケーションなどの就業準備の訓練や支援が中心となる。

生活困窮者自立支援制度の就労支援員は個人の状況またその段階に合わせて両制度の活用を支援するとともに、雇用政策による職業紹介だけでは就労が困難な者のために独自の雇用事業主の開発も行う。分立する雇用政策と福祉政策をニーズに合わせてソーシャルワークがつなげ、補完しているのである。

(3) 地域生活の基盤となる住まいの確保

福祉六法は高齢者、身体障害者など対象者別の法律であり、そのカテゴリーに該当しても実際に支援対象となるのは低所得世帯が中心であったことから、支援の内容は主として衣食住+ケアをまるごと提供する入所施設で集団処遇として行われた。入所施設ではなく地域での生活を支援するのであれば、当然地域での住まいが必要となる。高齢者については地域包括ケアシステムの中に住まいが位置づけられ、一定の資産や年金収入を有している者が相当数いることを背景として住宅政策との連携が進み、サービス付き高齢者向け住宅等の整備が進んだ。しかし、高齢者も含め、低所得者に対する住まいの確保は大きな課題となっている。

今や民間の空き家・空き室は増加傾向にあり、一部の地域を除き、物理的に住宅が不足しているわけではない。それでは空き室があり、家賃を就労収入または金銭給付によって支払えれば住まいの確保ができるだろうか。残念ながら、単身高齢者、生活保護の受給者、精神障害者などに対する大家の入居拒否感は強い。保証人の問題も常に提起される。入居できた場合にも入居者が新たな住居、生活環境、近隣関係になじめるかの問題がある。生活困窮者自立支援が実施される中で明らかになったことは、第3章で野村が述べているとおり、自立支援を進める上での住まいの重要性であり、住まいが日常生活を支える相談支援とともに提供されることの重要性である。

住宅政策としては、二〇一七年に住宅確保要配慮者に対する賃貸住宅の供給の促進に関する法律（住宅セーフティネット法）が改正され、住宅確保要配慮者の入居を拒まない賃貸住宅の登録制度と居住支援法人制度が創設された。登録住宅の情報提供や入居相談を行う居住支援法人は、社会福祉法人やＮＰＯ等を都道府県が指定することとなっており、福祉政策とつながることが期待されている。

一方、福祉政策としては、二〇一八年の生活困窮者自立支援法の改正により、一時生活支援事業が拡充され、宿泊場所の提供と一体であった日常生活支援を、他の住居を利用する者にも提供できることとなった。ここでは住居の確保については住宅セーフティネット制度による支援が想定されている。両制度からの委託や指定を同一法人が受ける形もあれば、別法人が実施しながら連携する形もあろう。

いずれにせよ、住まいの確保と生活支援を個人のニーズに合わせて切れ目なく提供することを実際に可能にするのはソーシャルワークの役割である。

(4) サービスの利用における意思決定の支援

福祉六法体制の下でも、生活保護が憲法第二五条の生存権の保障を具体化するものである以上、当然のことながら最低生活の保障は権利であり、急迫の場合を除き、申請に基づいて給付される。しかし、生活保護法以外の五法においては、支援の提供は行政庁が職権で行う「措置」として定められていた。二〇〇〇年体制では支援の利用は権利とされ、申請により認定等を受けた上で、事業者との契約によりサービスを受ける仕組みへと変わった。

第4章で述べたとおり、制度のつくりとしては、職権主義では必要な者に支援を行えるが、自己決定が尊重されていない。逆に申請主義、契約では自己決定が尊重されるが、客観的に支援が必要であっても申請、契約がなければ支援を届けることができない。自己決定と必要な人に支援を届けることは二律背反のように見える。しかし、実際には、意思決定支援や支援の必要な人を把握するネットワークがなければ、どちらの制度でも自己決定の尊重も、必要な人に支援を届けることもできないし、逆に、意思決定支援やネットワークがあれば、自己決定を尊重しながら必要な人に支援を届けることは相当程度に可能である。二律背反を乗り越えるのはソーシャルワークなかんずくアドボカシーの機能である。

日本ではアドボカシー機能を果たしている者は様々にいるが、第三者性が確保されていないため、本人の意思よりも「適切な」支援を優先する懸念もある。また、数も大幅に不足している。今後の課題としては、市民がアドボカシー機能を果たせる仕組みの普及、すべての相談、支援に携わる者に対するアドボカシーの意識と技術の普及などによりアドボカシーのすそ野を広げるとともに、入院や入所のような重大な措置が行われる場合などには第三者性を確保したアドボカシーを制度的に保障することも重要である。また、重度の認知症や知的障害者の意思決定支援のための専門的技術の向上が必要である。

(5) 包括的な相談支援の強化

福祉六法体制では相談は基本的に行政機関で制度ごとに行う、いわば保護や措置の適用の相談がほとんどであり、独立したサービスとしての位置づけは行われていなかった。しかし施設内で完結した支援ではなく地域での支援が中心になれば、そこでの生活が成り立つためには様々なサービス、さらには地域住民との関わりなどの調整が必須となる。二〇〇〇年体制では、高齢者の居宅介護支援、障害者の相談支援が給付として位置づけられ、それぞれについて総合相談を行う地域包括支援センター・基幹相談支援センターなども整備されていった。

およそ福祉の給付は、現金給付と現物給付に分けられ、現物給付は物品とサービスに分けられる。現物給付は通常の市場で購入できない福祉用具などの物品や医療、介護のようなサービスに限られ、それ以外の生活に必要な物品、サービスについては、市場で購入するための費用の現金給付が行われてきた。必要な物品、サービスを自分で選択して購入できる現金給付の方が自己決定を尊重できるからである。生活保護も医療扶助及び介護扶助を除き、金銭給付を原則としている。

相談支援は、サービス給付のマネジメントだけでなく、金銭給付に伴っても必要となっている。第5章で垣田が述べているとおり、金銭給付だけでは生活困窮からの脱却や日常生活の安定につながらない場合があるからである。借金の返済に充てたり、割高の物品、サービスやさほど生活に必要のないものを購入したりすれば、結果的に生活に困窮する事態が生じる。生活保護においては現業員による支援が想定されており、生活困窮者自立支援においては家計改善支援がこれに当たる。

しかし、相談支援の必要性はそのような場合に限られない。生活困窮者は、様々な困難を複合的に抱えた結果、経済的困窮に陥っている場合が多く、金銭給付、就労収入だけではそれらの困難を解決することができないからである。複合的な課題を解決するためにはサービス給付も含めた様々な制度や制度外の社会資源による、包括的な支援につなぐ相談支援が不可欠なのである。

国主導、制度主導の福祉を地域主導、ニーズ主導の福祉に変える要はこれらの相談支援に他ならない。菊池馨実は、生活困窮者自立支援制度を「国家レベルでの対応の網の目からこぼれ落ちた人々の困窮に対し、地方レベルで、個々人のニーズにあわせてオーダーメイドで支援していくための画期的な仕組み」と評価し、「戦後日本の社会保障の歴史的到達点」と位置づけている。[1]

(6) 多様な主体によるパートナーシップの構築

地方分権の流れの中で、福祉の実施主体は生活保護を除いては、基礎自治体である市町村に一元化されつつある。しかし、生活困窮者自立支援制度の実施主体は生活保護と同じで、福祉事務所未設置町村部では都道府県である。支援の包括性、地域づくりを目標とする本制度では、実施主体でない町村によるニーズ把握、実施主体の小規模市に対する都道府県による支援など、地方公共団体内の柔軟な協働が必要とされている。

また民間事業との関係では、生活困窮者自立支援制度では委託方式がとられているが、委託内容に委託先の提案を盛り込む企画コンペ方式や、委託先に丸投げするのではなく、庁内他課や企業などへの協力依頼や調整は委託元である行政機関が実施するなど、得意分野に応じた柔軟な協働体制がとられている。不足する社会資源を地域に創造する上で制度を用いた方がよい場合もあれば、制度を利用せずに情報提供やネットワークづくりの黒子に徹した方がよい場合もある。国、都道府県、市町村、制度内の民間事業者、制度外の民間事業者、ボランティアなど多様な主体による柔軟なパートナーシップの構築が求められている。

(7) 専門性に裏づけられた裁量

地方分権が進む中、権限を委譲された地方公共団体の間の格差を、どう考えるかの問題が提起されている。包括的支援、地域づくりを目指す生活困窮者自立支援では、国は様々な先行事例を示し、バックアップはするが、細かな基準や指針を示すことはしない。地域格差を乗り越えるために地方公共団体職員の行政職員としての力量を挙げるとともに、多様な主体とのパートナーシップが求められている。

分権は地方公共団体だけでなく、事業を実施する支援員に及ぶ。国による細かな基準や指針ではなく、支援員の力量によって地域の実情と個人の状況に応じた支援を創造していくことが求められている。従来、制度は、線引きをして対象者の全体増を把握し、必要な人員と予算を計算し、確保できた人員や予算額に応じて制度の枠を見直し、その枠の中で公平になるように設計されていた。支援員も制度の枠内の人に公平に支援を行うことが求められていた。これは、制度の対象にならない者との公平をみない閉じられた公平観である。生活困窮者自立支援制度は制度の狭間に陥っている者を含めて支援するものであり、制度の線引きはしない。公平は潜在ニーズを掘り起こすことによって確保される。一人の対象者を全力で支援することによって、関係機関とのネットワークが強化され、地域資源が開発されていく、それは他の対象者の支援のための資源となる。公平性と目の前の対象者への全力での援助の対立構造は、こういう形で乗り越えられるのではないだろうか。

(8) 小地域住民と広域専門職との協働

一定の専門職を配置できる広さは市町村、場合によってはさらに広い。一方で、住民が地域として実感しうる範囲は市町村よりも小さい中学校区や小学校区、場合によっては自治区である。地域住民が担い手となる支援はこの圏域でなければ成立しない。日常生活圏域と市町村域との乖離は市町村合併による市町村域の拡大によりさらに広がった。広域での専門的支援と小地域での地域住民による支援の対立構造である。

生活困窮者自立支援では実施機関を生活保護と同じく市域については市、町村域については福祉事務所を設置している場合は町村、そうでない場合は都道府県としている。当然ながら自立相談専門員を小地域に配置することはできない。

しかし、第8章で岩間・野村が述べているとおり、生活困窮者自立支援が想定している伴走型の個別的かつ継続的な支援は当事者の生活の場である地域を拠点として初めて可能となる。また、ニーズや課題を持ちながらもその人らしく当たり前に生活できるための新しい「つながり」と多様な「支え合い」を創造する単位も日常生活圏域である。一見、二者択一構造をもつ広域での専門的支援と小地域での地域住民による支援を両立させる鍵は、専門職が地域を基盤としたソーシャルワークをアウトリーチによって展開することである。

2　ソーシャルワークを核に据えた福祉政策へ

以上みたように、福祉政策の二〇〇〇年体制の中にある制度の分立や制度設計原理の対立構造を解決して、ニーズ主導、地域主導の包括的支援を実現するには、ソーシャルワーク機能の発揮が不可欠である。

それでは、ソーシャルワークがそのような機能を発揮するために、福祉政策にできることは何だろうか。ここで改めてソーシャルワークをめぐる政策を振り返っておきたい。

福祉六法体制でソーシャルワークを行う専門職として制度上想定されていたのは、福祉事務所に必置の社会福祉主事、児童福祉主事、身体障害者福祉主事等である。しかし、「三科目主事」といわれるように、社会福祉主事の資格要件はそれほど社会福祉に特化したものではなく、大学の法学部や経済学部を出ていてもほぼ要件を満たせる程度の資格である。様々な仕事を経験した者が管理職となっていく日本の人事慣行の中では、社会福祉主事に対してもその他の福祉主事に対しても、ソーシャルワークの専門職としての育成が行われることは少なく、一般の行政職員と同様の人事ローテーションが行われることが多かった。

生活保護の現業員は、社会福祉主事であることを求められている。生活保護は「保護の補足性の原理」から様々な資源を活用することが求められており、また「最低生活の保障」と並ぶ生活保護法の目的である「自立の助長」は、制度に閉じていてはできない。本来はソーシャルワークの高い専門性が求められる仕事であり、だからこそ現業員は、ケースワーカーと呼ばれている。しかし、実際には現業員の専門性は担保されず、制度運用は、専門職に必要とされる裁量とは真逆の、詳細な運用ルールに頼る形で進められた。国から出される詳細な「保護の実施要領」に、保護の実施機関である地方公共団体がさらに詳細なルールを加えていることもある。

民間では、社会福祉施設に生活相談員がいたが、管理された集団処遇の場では、ソーシャルワークの機能する余地は少なかった。この体制下で最もソーシャルワークを実践していたのは、医療機関の相談員だったといえよう。国主導、制度主導の福祉分野と異なり、医療分野では医師の専門職としての裁量権が強く、基本的には医療実践に対して国や制度が容喙することはなかった。質の保障は学会等における専門職の間のピアレビューに委ねられているといえよう。医療機関におけるソーシャルワークについても同様で、国主導、制度主導の枠外にあり、せいぜい指針が示される程度であった。そもそも、無料定額診療事業を除けば根拠となる制度がない状況が続いた。無料定額診療事業自体も社会福祉事業に位置づけられてはいるものの、税制優遇のみで補助金もない。しかし、制度がない分自由度が高く、実践者の裁量に任されていた。

一九八七年に、ソーシャルワーカーの資格として社会福祉士が創設された。高齢化の進行を見据えると、福祉六法体制下での入所施設中心、措置中心の政策の限界は明らかになってきており、この時期の資格創設は次の展開を準備するものとしての位置づけだったといえよう。在宅サービス（地域生活）中心の支援は、ソーシャルワーク抜きには成立しない。一九九六年には、在宅介護支援センター（老人介護支援センター）が創設され、実質上二〇〇六年創設の地域包括支援センターに引き継がれた。

一方、介護保険の居宅介護の要となる専門職として創設された介護支援専門員（ケアマネジャー）は、保健医療福祉の様々な国家資格を基礎資格とし、その上に試験と研修を課す都道府県知事登録の資格として設定された。様々な国家資格が基礎資格とされた理由としては、量的整備が急がれたこと、また、新たなシステムである介護保険に多くの専門職の関心が集まったことも挙げられよう。それまでの福祉の相談支援は制度の適用に付随する形で行政機関において実施するものがほとんどだったが、介護保険の居宅介護支援（ケアマネジメント）は独立した給付として民間事業者が実施するものとなった。何の専門職を基礎資格とするにせよ、ケアマネジメントがソーシャルワーク機能を含んでいることに異論はあるまい。サービスマネジメントの個別給付化は二〇〇六年の障害者自立支援法にも引き継がれ、高齢者の在宅介護支援センターや地域包括支援センターに相当する、（障害者）基幹相談支援センターも創設された。

このように、福祉政策の二〇〇〇年体制には、序章1で述べたとおり、ソーシャルワーク実践が期待される相談支援業務が明確に位置づけられている。さらに、生活困窮者自立支援制度は、介護保険や障害者自立支援のようにサービス給付を核とした制度の中に位置づけられた相談支援ではなく、相談支援そのものを中核とした制度である。中でも自立相談支援は必須事業であり、3/4という高率の国庫負担が義務として行われる(2)。生活困窮者自立支援制度は、ソーシャルワークを基本として成り立っている制度といっても過言ではない。

一方、序章2において廣野はソーシャルワークの課題を、①ニーズを発見・把握する力量の強化、②他機関や他部署との連携の円滑化、③個別支援、集団を活用した支援、地域に対する支援の一体的展開としている。そして、これらの解決のために制度ができることとして、支援に携わる者の権限の強化や裁量の拡大を挙げている。そのためにはソーシャルワーカーの力量の強化が何よりも必要であり、それを可能とする養成カリキュラム(3)や生涯研修制度の確立、専門性に応じた報酬体系の確立などが求められる。

その裏づけとなるのはソーシャルワーク研究であるべきだが、その現状は廣野が序章2で述べたように理論と実践の乖離の問題を抱えている。実践者と研究者が手を携えて、理論に裏づけられたソーシャルワーク実践、実践に鍛えられたソーシャルワーク理論を確立し、それを制度に反映していく。それによって初めて福祉政策とソーシャルワークがつながり、相互にその機能を十全に発揮していくことが可能となろう。

注

（1）菊池馨実の二〇一八年四月二四日衆議院厚生労働委員会参考人質疑での意見陳述。

（2）福祉制度における国庫負担率は1／2や1／3が多く、3／4という負担率は、国家責任に基づき法定受託として行われる生活保護と同率の極めて高いものである。

（3）社会福祉士の養成カリキュラムについては、①複合化・複雑化した課題を受け止める多機関の協働による包括的な相談支援体制の構築、②地域住民等が主体的に地域課題を把握し、解決を試みる体制の構築のためのソーシャルワーク機能を発揮できるよう、二〇一九年度にカリキュラム並びに実習及び演習の充実等の見直しが行われ、二〇二一年度から順次導入される。

参考文献

社会保障審議会福祉部会福祉人材確保専門委員会（二〇一八）「ソーシャルワーク専門職である社会福祉士に求められる役割等について」（https://www.mhlw.go.jp/file/05-Shingikai-12601000-Seisakutoukatsukan-Sanjikanshitsu_Shakaihoshoutantou/0000199560.pdf　二〇二〇年二月二四日アクセス）。

椋野美智子（二〇一三）「医療ソーシャルワーカーの歴史を振り返り、未来を展望する――政策の視点から」『医療社会福祉研究』二一、一－二九頁。

（椋野美智子）

あとがき

本書のコンセプトの始まりは、一五年前に遡る。二〇〇六年に筆者が厚生労働省の行政官から研究者に転身し、大分大学教育福祉科学部（当時）に赴任した時、福祉コースの教員が「福祉」と「政策」に分かれていることに強い違和感を持った。というのも、筆者自身は、「福祉政策」の実践者から研究者に転身したつもりだったからである。そのうち、「福祉」がソーシャルワークを指すことがわかったが、ソーシャルワークと福祉政策がバラバラに研究されていることへの違和感は拭えなかった。敬愛する友人である元・オックスフォード大学教授のテレザ・スミスさん(1)は、ソーシャルワークの研究者であり、かつソーシャルポリシーの研究者でもある。二〇年以上前からスミスさんと親交を深める中で、日本でももっとソーシャルワークと福祉政策の両方の視点を持った研究が行われた方がよいのではないかとの感を強くしていた。

そこで、二〇一四年度から三年間の科学研究費の助成を得て生活困窮者自立支援制度の調査研究を行うに当たって、大分大学の社会政策とソーシャルワークの研究者の両方が参加するチームを編成した。調査を進めるに連れて、生活困窮者自立支援はソーシャルワークそのものを中心とした制度であるとの認識を強め、この制度について研究するのであれば、社会政策とソーシャルワークの両方の視点を持つことは必須であるとの確信を深めていった。

また、研究者に転身して持った違和感がもう一つあった。それは、共同研究が往々にして分担研究になっていたことである。したがって、調査研究の結果を基にした書籍を刊行するに当たっては、社会政策とソーシャルワークの研究者が両方の視点を持ち寄って議論して考察を深めた結果をまとめたいと考えた。そして、チームの中でソーシャルワークの研究者は若手の講師である廣野俊輔さん一人であったことから、本としてまとめるに当たっては他にもソーシャルワークの研究者に参加してほしいと考え、ミネルヴァ書房の音田潔さんに相談し、大阪市立大学教授だった故・岩間伸之さんに本企画への協力をお願いした。当時、岩間さんは多忙を極める状況であったにもかかわらず、社会政策とソーシャルワークの研究者が協力して両方の視点から生活困窮者自立支援を考察してまとめるという本書の出版意義を高く評価し、参加を承諾してくれた。二〇一六年二月のことである。そして、私たち二人に音田さんを加えた三人での数回の打ち合わせ、著者全員での研究会を重ね、コンセプトを詰めていった。そして、その過程で、既存の著者でカバーできない居住分野については大阪市立大学准教授の野村恭代さんにお願いすることとなった。

そして、まさにメンバーが本格的に執筆にとりかかろうとしたその矢先、二〇一七年三月、岩間さんが急逝された。ここに改めて哀悼の意と、超多忙ななか研究をリードしてくれたことへの感謝の念を表したい。岩間さんの存在は余人をもって代えがたいものだったが、しかし、ここまでコンセプトを練り上げてきた本の出版を完成することが岩間さんのご遺志に沿うことでもあると考え、完成の方途を探った。そして、岩間さんが執筆予定だった部分については、メンバーの中の他のソーシャルワーク研究者が手分けして執筆したり、岩間さんの遺稿を整理補完して共同執筆の形で完成させたりすることとなって、再び本の刊行に向けて動きはじめることができた。

しかし、その後も様々な事情が重なり、刊行は遅れた。その間に他大学への異動などが続き、結果的に刊行時には大分大学所属の研究者は誰もいなくなってしまったが、本書があくまで大分大学での調査研究とそこからの考察を中心としたものであることは申し添えておきたい。

辛抱強く待ち続け、適宜適切なアドバイスを続けてくれた音田さんに心から感謝申し上げる。また、筆者らの調査に協力してくれた国内及びイギリスの関係機関の方々、さらに、調査に協力し、折りに触れ様々な示唆に富む助言をくれたテレザ・スミスさんにも心から感謝申し上げる。

生活困窮者自立支援制度が開いた「政策の窓」の向こうに地域共生社会が見え、ソーシャルワークが社会保障の中で重要な柱として位置づけられようとしているこの時期に、本書が刊行できたことは大きな喜びである。

ソーシャルワークが制度の限界を補完し、制度がソーシャルワークを強化する。ソーシャルワークと福祉政策の実践者・研究者が、ポスト二〇〇〇年体制の福祉を展望・実践する上での一助となれば幸いである。

注

（1） Teresa Smith; Head of the Department of Social Policy and Social Work of Oxford University (1997–2005).

二〇二〇年一二月

椋野美智子

た　行

な　行

索　引

あ 行

か 行

さ 行

著者紹介（執筆順，所属，執筆分担，＊は編者）

＊椋野《むくの》美智子《みちこ》（編著者紹介参照：序章1・3，第4・6・7章，終章）

廣《ひろ》野《の》俊輔《しゅんすけ》（同志社大学社会学部准教授：序章2，第1章）

阿《あ》部《べ》 誠《まこと》（大分大学名誉教授：第2章）

野《の》村《むら》恭《やす》代《よ》（大阪市立大学大学院生活科学研究科准教授：第3・8章）

垣《かき》田《た》裕《ゆう》介《すけ》（大阪市立大学大学院生活科学研究科准教授：第5章）

岩《いわ》間《ま》伸《のぶ》之《ゆき》（元・大阪市立大学大学院生活科学研究科教授：第8章）

編著者紹介

椋野美智子（むくの・みちこ）

1956年生。1978年，東京大学法学部卒業後，同年，厚生省入省。浦和市（現・さいたま市）福祉部長，内閣府高齢社会対策担当参事官，厚生労働省社会・援護局総務課長等を経て2006年から2015年２月まで大分大学福祉科学研究センター教授。

現　在　松山大学人文学部特任教授。

主　著　『女性学キーナンバー』（共編）有斐閣，2000年。

『世界の保育保障――幼保一体改革への示唆』（共編著）法律文化社，2012年。

『はじめての社会保障――福祉を学ぶ人へ　第17版』（共著）有斐閣，2020年。

福祉政策とソーシャルワークをつなぐ
――生活困窮者自立支援制度から考える――

2021年３月30日　初版第１刷発行　〈検印省略〉

定価はカバーに
表示しています

編著者　椋　野　美智子
発行者　杉　田　啓　三
印刷者　江　戸　孝　典

発行所　株式会社　ミネルヴァ書房

607-8494　京都市山科区日ノ岡堤谷町１
電話代表（075）581-5191
振替口座 01020-0-8076

共同印刷工業・藤沢製本

ISBN978-4-623-09062-4

Printed in Japan